구원의 확신 그리고 기쁨

이 소중한 책을

특별히 _____님께

드립니다.

차례

서문 ⋯ 3

01	구원을 받을 수 있는 방법	— 13
02	구원에 관한 지식	— 23
03	구원을 통한 기쁨	— 43
04	예수 그리스도는 누구인가?	— 57
05	부록 – 『믿는다』란 무엇을 의미하는 말인가?	— 81

서문

인생은 여행하고 있는 나그네 길입니다.

과거라는 역에서 출발하여 「현재」를 거쳐 「영원」이라는 종착역을 향해 달리고 있는 나그네 길입니다. 그런데 영원이라는 종착역에 이르게 될 순간이 언제인지, 얼마나 가까운지 그 누구도 모릅니다.

인생이 나그네 길이라면 아마 당신은 다음에 열거하는 세 대열 중 한 대열에 속한 채 여행하고 있을 것입니다.

- 제1대열 : 구원을 받았을 뿐만 아니라
          그 사실을 확실히 알고 있는 사람
- 제2대열 : 구원의 확신이 없어서
          구원받고 싶어 고민하고 있는 사람
- 제3대열 : 구원을 받지 않았을 뿐만 아니라
          이에 대해 전혀 관심이 없는 사람

과연 당신은 어느 대열에 속해 여행하고 있습니까?
이것은 창조주이시며 결국에는 우리를 천국으로 보낼 하나님 앞에 사는 인간 모두에게 주어진 중대한 문제입니다. 또 당신 생명과 연결된 문제이기 때문에 이 문제를 중요하게 생각하지 않고 무시한다면 그건 너무나 비참한 일입니다.

제3대열 - 관심이 없는 분을 위하여

어떤 사람이 막 떠나려는 기차에 헐레벌떡 뛰어와서 가까스로 올라탔습니다. 아직도 숨이 가빠 헐떡이며 땀을 씻고 있는데, 옆자리에 앉아있던 사람이 말했습니다.

"놓칠 뻔하셨는데, 잘 뛰셨군요."

『네. 그렇고말고요. 이 열차를 타지 못했다면 4시간이나 아무 일없이 기다려야 했을 테니까요.』

4시간을 절약하기 위해 그처럼 노력하는데….

하물며 영원을 위해서라면 최선을 기울일만하지 않을까요?

오늘날 인류는「현세에서의 행복을 위한 이익(利益)」을 위해서는 장기적으로 계획을 세우고 최선을 다하지만, 앞에 놓인「영원」의 문제에 대해서는 별로 관심을 갖지 않고 있습니다.

하나님의 무한하신 사랑에도 불구하고, 세계의 역사가 분명히 증거하고 있는 데도 아랑곳 없이, 또 죽은 다음에 있게 될 심판을 무시한 채, 그렇게 큰 구렁 저편에 있는 지옥에서 발버둥 치게 될 불행을 외면한 채 인류는 불행의 막바지를 향해 치닫고 있으며, 하나님도, 죽음도, 심판도, 하늘나라도, 지옥도 없는 것처럼 살아가고 있습니다.

하나님께서 당신을 돕고 있다는 사실을 기억하고, 자칫하면 헤어날 수 없는 영원한 불행의 문턱에 서 있는 자신을 깨닫게 되기를 바랍니다.

당신이 이 사실을 믿든지 믿지 않든지 간에 이상 말한 것이 바로 당신의 운명이요, 모습입니다.

이제는 더 이상 영원의 문제에 대해 외면하지 마십시오. **미루는 것은 자신을 도둑맞는 것이고 살인하고 있는 것입니다.**

'하루 미루는 일이 열흘(또는 평생) 간다'는 속담이 있습니다. 그리고 서양 속담에 '미루는 것은 포기하는 것과 같다'는 말이 있는데, 이는 사실입니다.

지금도 이 영원의 문제에 대한 해결을 미루고 있다면, 당신은 영원토록 후회하게 될지 모릅니다.

'차차라는 길은 영원이라는 마을로 인도한다'는 스페인 격언이 있습니다. 더 이상 거리를 배회하거나 방황하는 사람처럼 영원의 문제를 내버려 두지 마십시오.

"보라 지금은 은혜 받을 만한 때요,

보라 지금은 구원의 날이로다"(고린도후서 6:2)

이렇게 말하면 어떤 분은 "천만에요. 저는 결코 제 영혼에 대해 무관심하거나 내버려 두고 있는 것이 아니랍니다. 다만 제 마음이 구원을 확신할 수 없는 것뿐이지요"라고 말하면서 반발을 느낄지도 모릅니다. 그렇다면 그분은 **제2대열**에 끼어 여행하고 있음에 틀림없습니다.

제2대열 - 확신할 수 없다는 분을 위해

확신할 수 없는 것도 앞서 말씀드린 관심이 없는 사람과 마찬가지로 불신에서 나온 것입니다.

불신으로 말미암아 영원에 대해 무관심하게 되었고, 마침내 죄와 타락에 빠졌습니다.

또 인생에 대한 하나님의 전지전능하신 섭리를 불신하는 것에서 확신할 수 없다는 말이 시작되는 것임으로 무관심과 불확신은 본래 불신을 모체로 하고 있는 것입니다.

이제 구원의 확신을 얻고자 갈망하는 당신을 위해 말씀드립니다.

당신이 이 문제로 얼마나 고민하고 있는지 이해합니다. 아울러 이처럼 중대한 문제에 대해 보다 진지한 관심을 쏟는 만큼 오히려 당신은 구원을 얻었다는 확신을 하기까지 불안을 느끼게 될 것입니다.

"사람이 만일 온 천하를 얻고도 자기의 생명을 잃으면 무엇이 유익하리요"(마가복음 8:36)

인자한 아버지의 외아들이 항해 중에 있었습니다. 그런데 어느 날 그 아들이 탄 배가 거센 풍랑으로 침몰했다는 소식을 듣게 되었습니다. 그 아버지는 자기의 사랑하는 아들이 안전하다는 확실한 소식을 듣기 전까지는 결코 마음을 놓지 못하고 안타까워 할 것입니다.

이런 경우를 생각해 보십시오.
당신이 어느 날 집에서 멀리 떨어진 곳을 향해 가고 있었습니다. 밤은 깊었고 날씨도 추운데, 달빛도 없어 길이 험하고 도저히 방향을 잡을 수가 없었습니다. 두 갈래 길에 다다랐는데, 마침 저쪽에서 어떤 사람이 오고 있었습니다. 반가운 마음으로 길을 물었습니다.

그런데 그 사람은 "글쎄요. 저 길로 가시면 맞을 것 같습니다만, 저도 초행이라 확실히 모르겠는데요. 부디 길을 잃지 않으시길 바랍니다"라고 말했다면, 당신은 안도의 한숨을 쉴 수 있을까요?

어두운 밤, 초행에 향방을 모르고 간다는 것은 점점 더 당신에게 불안과 초조를 더해줄 뿐입니다.

그러기에 사람들은 자신의 영혼에 대해 염려한 나머지 침식을 잊게 된다거나 심한 갈등이나 초조감에 빠지는 경우도 있습니다. 이는 결코 이상한 일이 아니며, 오히려 우리 영혼이 안전하다는 사실을 확신하는 것이 얼마나 중요한 것인가를 가르쳐주는 것입니다.

재물을 잃게 되는 것은 안타까운 일입니다.
건강을 잃게 되는 것은 더욱 안타까운 일입니다.
그러나 영혼을 잃게 된다면
이야말로 돌이킬 수 없는
영원한 불행이 아닐 수 없습니다.

제1대열 - 확신을 얻기 원하는 분에게

이제 당신에게 구원의 확신을 얻는데 **도움이 될 만한 세 가지 사실**을 말씀드리고자 합니다.

첫째, 구원을 얻을 수 있는 방법

"그가 바울과 우리를 따라와 소리 질러 이르되 이 사람들은 지극히 높은 하나님의 종으로서 구원의 길을 너희에게 전하는 자라 하며"(사도행전 16:17)

둘째, 구원에 관한 지식

"주의 백성에게 그 죄 사함으로 말미암는 구원을 알게 하리니"(누가복음 1:77)

셋째, 구원에 관한 기쁨

"주의 구원의 즐거움을 내게 회복시켜 주시고 자원하는 심령을 주사 나를 붙드소서"(시편 51:12)

얼핏 보면 말씀드린 세 가지 사실이 서로 비슷한 것처럼 생각될지 모르겠습니다만 사실 근본적으로 큰 차이가 있고, 각각 뚜렷한 특징을 지니고 있습니다. 즉 **구원의 확신은 없지만** 구원의 길은 잘 알고 있는 경우도 있고, **구원을 얻었으면서도** 확신하지 못하는 분이 있는가 하면, **구원의 확신을 가지고 있으면서도** 이에 따르는 기쁨을 전혀 누리지 못하는 분들이 상당히 많기 때문입니다.

구원을 받을 수 있는 방법

성경 출애굽기 13장 13절의 말씀입니다.
주의 깊게 봅시다.
"나귀의 첫 새끼는 다 어린 양으로 대속할 것이요 그렇게 아니하려면 그 목을 꺾을 것이며 너의 아들 중 모든 장자 된 자는 다 대속할찌니라."

이것은 하나님께서 하신 말씀입니다.
이때에 있었던 일을 생각해 봅시다.
하나님의 제사장과 어느 가난하기 짝이 없는 이스라엘 사람이 심각한 표정으로 이야기하고 있습니다. 그들의 대화는 그들 곁에 떨며 서 있는 어린 나귀에 관한 것임을 쉽게 알아차릴 수 있습니다.

가난한 이스라엘 사람은 말합니다.
"제사장님, 사정 말씀을 드리려고 왔는데요, 제발 이번만 자비를 베풀어주실 수 없을까요?
이 약하고 어린 것이 첫 나귀 새끼입니다. 저도 율법에서 「나귀의 첫 새끼는 어린 양으로 대속하라」라고 하신 말씀을 익히 알고 있습니다.
하지만 제게는 대속할 만한 어린 양이 없는데, 제 나귀의 생명을 살려주실 수는 없으신지요?
제발 부탁입니다. 가진 것이라고는 나귀 새끼 한 마리뿐인데 이것마저 잃어버릴 것을 생각하니 마음이 갑갑할 따름입니다."

그러나 제사장은 딱 잘라 말합니다.
『사정은 딱하지만 안 될 말이오.
엄연한 하나님의 말씀을 어기다니… 무슨 말입니까? 물론 대속할 어린 양이 있다면 모르겠지만…. 양이 죽든지 아니면 나귀의 목을 꺾든지 둘 중에 하나이니… 다른 방도란 없지 않겠소?』

"이젠 다 틀렸군요.

마지막 한 가닥 기대마저 사라져버렸어요."

그때 옆에 서서 이 딱한 사정을 듣고 있던 친구가 말했습니다.

"아무 염려하지 말게나. 내가 해결해 보겠네.

언덕 너머 우리 집에는 점도 없고 흠도 없는 어린 양이 한 마리 있는데 이제껏 제멋대로 집을 나가거나 길을 잃은 적이 없는 양이어서 귀여움을 독차지하고 있다네. 내 부지런히 가서 그 양을 끌고 올 테니 잠시 기다려주게."

마침내 나귀를 대신해 점 없고 흠 없는 양의 피가 단 아래 뿌려지고 양의 몸은 불살라졌습니다. 비로소 제사장은 가난한 사람을 쳐다보며 『이젠 그 나귀를 데리고 평안히 돌아가시오. 목을 꺾지 않아도 되었으니 참 다행이오. 양이 대신 죽었으니 나귀는 털끝만큼도 다칠 필요가 없소. 당신 친구는 참

01 구원을 받을 수 있는 방법 15

으로 훌륭한 분이군요』라고 말했습니다.

이상 말씀드린 사실을 통해 하나님께서 죄인을 구원하시게 되는 경륜을 깨닫게 됩니다.

제사장이 나귀의 목을 꺾어야 한다고 단호하게 말했듯이 당신의 죄에 대해 하나님의 공의로우신 심판은 당신의 범죄한 머리를 꺾을 것을 선언하십니다. 이 죽음을 피할 수 있는 길은 가난한 이스라엘 사람을 위해 그의 친구가 예비해 주었던 양처럼 대속 제물이 있어야만 합니다.

물론 당신은 자신의 힘으로 이 문제를 해결할 수 없습니다. 다만 하나님께서 예비하신 어린 양인, 독생자 예수님을 통해 해결할 수 있습니다.

"보라 세상 죄를 지고 가는 하나님의 어린 양이로다"

(요한복음 1:29)

세례(또는 침례) 요한은 점도 없고 흠도 없는(아무 죄가 없는) 예수님을 바라보았을 때, 그의 제자들에게 위처럼 외쳤습니다. 그리스도께서는 마치 도살장으로 끌려가는 양처럼 갈보리 언덕으로 가셨습니다. 그리스도께서는 의로운 분이셨지만, 불의한 우리를 대신하셔서 말할 수 없는 고난을 당하셨습니다.

왜 그러셨을까요?

"그리스도께서도 단번에 죄를 위하여 죽으사 의인으로서 불의한 자를 대신하셨으니 이는 우리를 하나님 앞으로 인도하려 하심이라 육체로는 죽임을 당하시고 영으로는 살리심을 받으셨으니"(베드로전서 3:18)

과연 주님은 우리의 범죄함을 위해 내어 주신 바 되고, 우리를 의롭다 하시기 위해 살아나셨습니다.

"예수는 우리가 범죄한 것 때문에 내줌이 되고 또한 우리를 의롭다 하시기 위하여 살아나셨느니라"(로마서 4:25)

하나님께서 예수님을 믿는 경건치 않은 사람들을 의롭다 하시는 것은 하나님의 공의와 거룩을 손상시키는 것이 아니라 오히려 그렇게 하심으로 공의와 거룩을 나타내시게 됩니다.

"파멸과 고생이 그 길에 있어"(로마서 3:16)

오직 우리는 믿음으로 말미암아 구원을 얻게 해주시는 하나님의 경륜과 구원주 예수님을 주신 은혜에 대하여 감사를 드릴뿐입니다.

당신도 하나님의 아들 예수 그리스도를 당신의 구주로 믿고 의지하십니까?

"예, 저는 가련한 죄인임을 깨달았습니다.

그리고 예수님께서 저를 위해 십자가에 죽으셔서 제가 받을 심판을 이미 받으셨다는 귀한 말씀을 확실히 믿습니다"라고 마음 중심에서 고백한다면, 예수 그리스도께서 당신을 위해 이미 희생물이 되어 죽으셨고, 하나님께서 당신의 죄를 대신하여 이미 죽으신 예수 그리스도를 화목 제물로 받아주셨으므로, 즉 예수님의 대속의 죽음과 부활의 공로로 하나님께서는 「당신을 죄가 없는 사람으로 인정」하십니다.

다시 말해서 **당신은 확실히 구원을 얻게 된 것입니다.**
이것이 하나님 말씀의 약속입니다.
이 얼마나 고맙고 단순한 구원의 길입니까!
또 이 구원의 섭리야말로 얼마나 위대합니까!
과연 하나님만이 하실 수 있는 일이 아닙니까!

하나님 본체의 형상이며 하나님께서 가장 기뻐하고 사랑하는 보배로운 독생자 예수 그리스도로 말미암아 벌레 같기도 하다는 죄 많은 우리를 구원하시다니….

이 얼마나 자비로우며, 은혜로우신 하나님이십니까! 불쌍하고 가련한, 저(우리) 같은 죄인이 주님(예수)을 믿음으로 이 모든 큰 복을 누리게 해주시고,

영원히 주 예수님과 함께 행복을 누리게 해주신 하나님께 찬양, 찬양, 찬양… 무한 찬양을 드립니다.

**"나와 함께 여호와(하나님)를 광대하시다 하며
함께 그 이름을 높이세"**(시편 34:3)

너무 크고 엄청난 구원을 믿음으로 값없이 받을 수 있다고 하니 많은 사람들이 오히려 주저하며 받지 못합니다.

하나님께서는 우리가 하나님께 무엇을 드림으로 그 대가로 구원을 받도록 하지 않았습니다.

하나님께서는 우리의 모든 죄를 위해 그의 아들 예수 그리스도가 죽으심으로 인해 우리 모두의 죄를 대신 담당하기에 충분했던 것입니다.

하나님께서는 사랑하는 아들을 우리의 구주로 보내고 누구든지 예수님을 구주로 믿는 사람에게는 심판을 받지 않게 하시고, 영생(영원한 생명)을 주시어 영원토록 하나님과 동행할 수 있는 놀라운 큰 복을 약속해 주신 것입니다.

"영접하는 자 곧 그 이름(=예수)을 믿는 자들에게는

하나님의 자녀가 되는 권세를 주셨으니"(요한복음 1:12)

우리는 예수님을 구주로 믿는 순간 하나님의 자녀가 됩니다.

그렇지만 당신은 아직도 의문이 사라지지 않은 채 반문할 수도 있습니다.

"물론 나는 내 행위나 능력, 또는 율법을 의지하고 있는 것은 아니며, 오직 예수 그리스도께서 이루어 놓으신 구속의 공로만을 의지하고 있습니다.

그런데도 구원의 확신이 없으니 어찌된 일일까요? 한때는 구원받았다고 장담을 할 것 같다가도 얼마 못 가서 모든 소망이 사라져 버릴 때는 아주 미칠 지경이랍니다. 마치 제 마음은 폭풍 속에서 닻을 내리지 못한 채 파도에 따라 출렁이는 배와 같은데, 어찌해야 좋을까요?"

이제 당신의 착각을 분명히 말씀드리겠습니다. 닻을 배 안 어느 구석에 붙들어 매어 두고 배가 안정되기를 바라는 사람이 세상에 어디 있겠습니까? 당신도 너무나 잘 알고 있겠지만 배를 안정시키려면 닻은 배 밖의 든든한 곳을 골라 매는 것이 상식이 아니겠습니까?

마찬가지로 구원의 확신은 예수 그리스도의 죽으심에 달려 있는 것이며, 당신의 기분(감정)에 달려 있는 것이 아닙니다. 그런데도 당신은 하루에도 수십 번, 수백 번 변덕을 부리는 느낌, 감정, 기분으로 구원에 대한 확신을 얻으려고 하니 이만저만한 착각이 아닙니다.

예수 그리스도께서 우리 죄를 위해 죽으신 사실을 믿는 믿음만이 우리의 안전이라는 것을 알면서도 여전히 자주 변하는 감정으로 구원의 확신을 얻으려고 하는 자세는 잘못입니다.

당신은 당신의 감정을 의지합니까?

아니면 예수님 만을 의지하고 있습니까?

구원에 관한 지식

그렇다면 주 예수 그리스도를 믿는 사람이 "영생(=영원한 생명)을 얻었다(=구원받았다)"는 것을 어떻게 알 수 있을까요?

요한일서 5장 13절의 말씀을 먼저 조금 바꾸어 소개하고자 합니다.

"내가 하나님의 아들의 이름을 믿는 너희에게
<u>기쁜 느낌(감정)을 준 것은</u> 너희로 하여금
너희에게 영생이 있음을 알게 하려 함이라."

위의 글과 아래에 기록된 본문을 대조해 어떻게 다른가를 비교해 보십시오.

"내가 하나님의 아들의 이름을 믿는 너희에게 <u>이것을 쓴 것은</u> 너희로 하여금 너희에게 영생이 있음을 알게 하려 함이라."

우리의 구원에 대해 이해할 수 있는 사건을 소개합니다.

재앙을 내리겠다고 말씀하셨던 유월절 밤, 곧 애굽의 장남들에게 하나님께서 큰 **재앙을 내리시던 밤**, 수많은 이스라엘 장자들은 어떻게 자신의 생명이 안전하다는 사실을 확신할 수 있었을까요?(출애굽기 12장 참조) 그들 중 두 가정만 찾아가 그들의 이야기를 나눠봅시다.

첫 번째 집에서는 두려움과 불안에 떨며 어찌할 바를 모르고 있었습니다. 이들이 이처럼 죽을 상이 되어 불안해하고 있는 이유가 무엇일까요?

그 집 장남이 우리에게 귀띔을 해줍니다.

"오늘 밤에 죽음의 사자가 우리 집을 지나갈 것입니다. 장자는 다 죽는다고 했으니 제가 어떻게 될지 몰라 안절부절못하고 있습니다. 정말 무섭습니다."

그는 이어서 "요행히도 죽음의 사자가 우리 집을 지나쳐 버리고 새벽이 밝아온다면 저야 안심할 수 있지만, 그때까지 장담할 수는 없지 않습니까?

옆집 친구는 확신한다고 장담하고 있지만, 외람되기 짝이 없다는 생각이 드는군요. 어쨌든 이 지루한 밤이 지나야 알 일이지요"라고 말했습니다.

『그렇지만 하나님께서 당신들에게 이 재앙을 피할 수 있는 방법을 가르쳐 주셨잖아요?』

"물론 가르쳐 주셨지요. 그래서 하나님께서 말씀하신 대로 점도 흠도 없는 1년 된 어린 양을 잡고 그 피를 문인방과 좌우 문설주에 발랐습니다. 그렇지만 누가 알아요? 만에 하나라도 재앙을 만나게 된다면 어쩌겠어요?"

이번에는 불안에 떨고 있는 첫 번째 집을 떠나

옆 **두 번째 집으로** 가 봅시다.

언뜻 보기에도 그들은 첫 번째 집의 침울하고 불안한 분위기와는 딴판이었습니다.

그들은 허리에 띠를 띠고 손에는 지팡이를 들고 서서 구운 고기를 먹으면서 기뻐하고 있었습니다.

『아니 어찌 된 일이요. 죽음의 천사가 다니고 있는 이 밤에 모두들 이처럼 즐거워하고 계시다니 어찌 된 일입니까?』

"어찌 기쁘지 않겠어요? 이제 내일 여호와 하나님께서 떠나라고 명령만 하시면 이 지긋지긋한 애굽의 종살이에서 풀려나게 될 텐데요."

『그렇지만 이 밤이 지나기 전에 무슨 일이 일어날지 아무도 모르지 않습니까? 오늘 밤이야말로 애굽 전국을 휩쓰는 심판의 밤 아닙니까?』

"물론 잘 알고 있습니다. 하지만 우리 큰 아이는 아주 안전하답니다. 하나님께서 **하라신 대로** 어린 양을 잡아 피를 뿌렸거든요."

『그렇지만…, 바로 옆집 사는 사람도 그렇게 했지만 여전히 불안해하던데요.』

"그래요? 하나님께서 우리에게 「내가 그 피를 볼 때에 넘어가리라」라고 분명히 약속하셨습니다. 하나님께서 거짓말하실 리 없잖아요? 우리는 하나님이 하신 약속의 말씀을 믿어요."

이제 당신에게 묻겠습니다.

이 두 집 중에서 어느 집 아들이 더 안전하다고 생각합니까? 기뻐하고 있는 두 번째 집이라고요?

천만의 말씀입니다.

두 집은 모두 안전합니다.

그들이 집안에서 어떻게 느끼고 있든 간에 (기뻐하는가 불안해하는가를 보지 않으시고) 하나님은 그들이 뿌린 피를 보기 때문입니다. **실로 당신이 구원을 확신하려고 한다면, 하루에도 수십, 수백 번도 더 바뀌는**

감정의 소리에 귀 기울이지 말고, 만고불변의 하나님 말씀에 귀를 기울여 주십시오.

"진실로 진실로 너희에게 이르노니
믿는 자는 영생을 가졌나니"(요한복음 6:47)

"가질 것"이 아니고 "가졌습니다."
뿌려진 피, 곧 예수 그리스도께서 이미 흘리신 보배로운 피 외에는 우리를 멸망의 심판에서 안전하게 보호해 줄 수 있는 것이 없으며, 우리에게 주신 주님의 말씀 외에 확신할 수 있는 근거는 아무것도 없음을 명심하십시오.

한 농부가 농토를 빌리려고 물색하던 차에 자기 집 근처에 좋은 농장이 있다는 소식을 들었습니다. 그는 부랴부랴 사용허가를 해달라고 지주에게 부탁을 해두었습니다. 그러나 오랜 시간이 지나도록 지주에게서는 아무런 회답도 없었습니다.

그런데 하루는 이웃 사람이 찾아와서 이런저런

이야기를 하다가 "농장 주인이 아마 당신에게 사용 허가를 줄 것 같아요. 작년 크리스마스 때만 해도 지주가 당신에게 선물을 푸짐하게 보내왔고, 지난번에는 차를 타고 지나가면서 당신에게 친절한 미소로 손을 흔들기도 했잖아요?"라고 말하는 것이었습니다. 그 이야기를 듣고 난 농부의 마음은 희망에 부풀어 올랐고, 뛸 듯이 기뻤습니다.

다음날 이 농부는 다른 이웃 사람을 만났습니다. 그 이웃 사람은 "아직 농장 사용 승낙을 받지 못하셨다지요? 실은 지주와 친한 사람이 그 농장을 부탁했다는데, 요즈음 그 사람이 문턱이 닳도록 그 집을 드나든대요. 모르긴 해도 금년에 당신이 그 농장을 사용하기는 어렵지 않을까요?"라고 말했습니다.

이 이야기를 듣는 순간, 농부는 가슴이 덜컹 내려앉는 것만 같아 어찌할 바를 몰랐습니다.
한때 희망으로 부풀었던 가슴이 이제는 절망으

로 무너져 내리는 것 같았습니다.

어제는 기뻐서 날아갈 듯했는데, 오늘은 온통 걱정과 근심밖에 남지 않은 것입니다.

불안한 가운데 며칠이 지난 어느 날, 지주에게서 편지 한 통이 왔습니다. 얼른 펴서 읽었습니다. 몇 줄을 읽는 동안 농부의 얼굴에는 미소가 넘쳤습니다.

농부는 환호성을 울리며 아내를 불렀습니다.

"여보, 이젠 됐어! 이젠 안심해도 돼. 이 편지를 보라구! 이제는 누가 뭐래도 상관없어. 지주의 말 한마디면 대법원 판결이나 다름이 없으니까."

편지에는 **"이번에 부탁한 사람이 많았으나 당신에게 허락하기로 결정했습니다"**라고 똑똑히 쓰여 있었습니다.

잠깐 생각해 봅시다.

수많은 영혼들이 가련하게도 이 농부와 같이 불안해하며 두려워 떨고 있습니다. 사람들의 의견이나 부질없는 생각으로 당황하고 초조해하는 것입니다.

의혹과 초조를 물리치고 확신 가운데 기쁨을 누리게 되는 유일한 비결은 하나님의 말씀을, 있는 그대로의 하나님의 말씀으로 받아들이는 것입니다. 불신자에게 멸망을 경고하신 말씀이든, 성도들에게 구원을 약속해 주신 말씀이든 하나님의 말씀은 만고불변의 확실한 말씀입니다.

마태복음 24장 35절에 **"천지는 없어지겠으나 내 말은 없어지지 아니하리라"**라고 말씀하셨고, 시편 119편 89절에는 **"주의 말씀이 영원히 하늘에 굳게 섰다"**라고 말씀하셨고, 민수기 23장 19절에는 **"어찌 그 말씀하신 바를 행치 않으시며 하신 말씀을 실행치 않으시랴"**라고 하나님께서 보증하시고 있기에 **하나님의 말씀만이 모든 문제를 해결하는 단 하나의 열쇠이기 때문입니다.**

이 말씀을 단순히 믿는 것 외에 어떤 이론이나 핑계나 주장도 쓸데없습니다. 오직 하나님의 말씀대로, 나의 죄 때문에 죽으신 예수님을 믿음으로 충분한 것입니다.

자기가 죄인이라는 사실을 인정하고 또 예수님께서 나를 위해 십자가에서 대신 죽으셨다는 것을 믿으면서도 구원의 확신이 없어 불안해하고 있는 사람이 많습니다.

왜 그럴까요?

이 사람 저 사람의 말에 귀를 기울이는가 하면 자기 감정이나 생각을 붙잡고 있기 때문입니다.

하나님께서 말씀하신 대로 믿는 사람은 영생을 가진 것입니다. 산에 가서 금식 기도하다가 이상한 체험을 한 적이 있다거나, 부흥회 때 실컷 울어본 적이 있다고 해서 그것이 믿음의 확신을 주는 줄 아십니까? 속지 마십시오. 변하지 않는 하나님의 말씀을 있는 그대로 믿어야 합니다.

"나에겐 사람의 주장이나 아무런 핑계도 쓸데없고, 오직 날 위해 죽으신 예수님으로 만족, 만족, 만족입니다."

그래도 당신께서는 "그렇지만 제가 올바른 믿음을 가지고 있는지 어떻게 알 수가 있습니까?"라고 반문할지 모릅니다.

그렇다면 저도 당신에게 반문하겠습니다.

"당신은 올바르신 분, 즉 하나님의 아들 예수 그리스도, 우리 주님을 믿고 의지합니까?"

올바른 믿음이란 얼마나 잘 믿고 있는가 하는 분량에 있는 것이 아니라 과연 믿을 만한 분을 믿고 있는가에 달려 있습니다.

어떤 사람은 예수 그리스도를 믿되 마치 물에 빠진 사람이 지푸라기라도 잡는 심정으로 의지하고, 어떤 사람은 "옷깃만을 만져도 구원을 받으리라"라

는 단순하고 위대한 믿음으로 의지합니다.

그렇다고 해서 둘 중에 어느 누가 보다 안전하거나 불안전한 것은 아닙니다. 그들은 마찬가지로 구원을 받게 됩니다.

다시 말씀드리거니와 **구원은 우리가 얼마나 큰 믿음을 가지고 얼마나 열심히 믿고 있느냐에 달려있는 것이 아닙니다.** 다만 하나님 말씀대로 자신은 쓸모없는 죄인이며 그리스도께서 십자가를 통하여 완전히 이루어놓으신 구속의 공로로 영생 복락을 누리게 되는 사실을 신뢰하는 것, 그것이 곧 믿음이요 구원입니다.

**"진실로 진실로 너희에게 이르노니
믿는 자는 영생을 가졌나니"** (요한복음 6:47)

이제 확실히 알아야 할 것은 당신이 선한 행위나 엄격한 종교 생활, 혹은 종교적인 감화나 의식을 잘 지켰다거나 경건해졌다는 느낌이나 또는 종교적으로, 도덕적으로 어려서부터 훌륭하게 교육을 받았다고 해서 구원에 대해 확신을 갖게 되는 것은 아닙니다. **오히려** 이러한 일로 인해 확신을 갖고 있을지라도 그것은 그릇된 확신이요, 멸망을 당할 수밖에 없습니다.

그리스도를 믿는 믿음이 연약하기 짝이 없을지라도 바로 이로 말미암아 영원토록 구원을 받는 것입니다. 또한 그리스도를 믿는 믿음 외에 위에서 말한 것들이 자신을 구원해 주리라 확실히 믿는다 해도 착각이요, 자기 기만에 불과하다는 것을 명심하십시오.

성경에서 하나님께서 주 예수 그리스도를 가리켜 **"이는 내 사랑하는 아들이요 내 기뻐하는 자라"**(마태복음 3:17)고 증거했습니다.

나 자신은 믿을 수 없을지라도 주 예수님만은 믿고 의지할 만한 분이십니다.

그런데 당신은 울상이 되어 "저는 확실히 예수님을 제 구원주로 믿고 있습니다. 그렇지만 누가 『구원받았느냐?』라고 물으면, 그렇다고 대답하기가 두

렵습니다. 혹시 구원받지도 못했으면서 받았다고 하면 거짓말이 될까 봐 걱정돼서 아예 침묵을 지키 곤 합니다"라고 말할지 모르겠습니다.

그렇다면 다음 이야기를 들어 보십시오.

어떤 목장을 경영하는 사람이 몇 마리의 양을 가지고 돌아왔습니다.

"아빠, 몇 마리나 사오셨어요?"라고 묻는 딸에게 『열 마리』라고 알려주었습니다.

얼마 후에 이웃 사람이 딸에게 『아빠가 양을 몇 마리나 사오셨니?』라고 물었을 때, "글쎄요, 아빠가 말씀해 주셨지만 거짓말이 될까 봐 말씀드리고 싶지 않은데요"라고 대답했다고 합시다. 이야말로 아빠를 거짓말쟁이로 취급해버리는 처사가 아니겠습니까? 하나님을 믿는다면서 왜 하나님의 말씀을 믿지 못합니까?

"믿는 자는 영생을 가졌나니"(요한복음 6:47)라고 분명히 말씀하셨음에도 불구하고 당신이 하나님의 아들을 믿긴 하지만 거짓말이 될까 봐 두려워 "구원받았다"라고 말하기를 꺼린다고 하면, 아버지를 거짓말쟁이 취급을 했던 딸과 마찬가지로 하나님 아버지를 거짓말쟁이로 취급하는 것이 아니겠습니까?

또 이런 문제로 고민하는 사람도 있습니다.
"믿어 보려고 무던히 노력을 했지만 모두가 허사였어요. 나 자신을 들여다볼수록 확신은 고사하고 믿음이 없다는 사실을 확인할 뿐이었습니다. 내가 믿고 있다는 것을 어떻게 확증할 수 있을까요?"

당신이 믿어 보려고 노력하고 애쓴다고 되는 것이 아닙니다. 믿어지지 않는 것을 놓고 "아멘, 할렐루야"를 연거푸 해야 믿어진다면 그건 엉터리입니다. "믿습니다!"라고 힘주어 말해도 믿어지지 않을 때는 어쩌는 도리가 없습니다.

잠깐 귀를 기울이십시오.
어느 날 저녁 당신이 집에서 조용히 쉬고 있는데, 이웃 사람이 찾아와서 "역장이 철도사고로 죽었어요"라고 말했다고 합시다. 그런데 지금 찾아와 일러 준 그 사람은 인근에 소문이 자자할 만큼 거짓말쟁이였습니다. 그렇다면 당신은 그 사람의 말을 믿으실 리가 없지요?

만약 제가 "왜 믿을 수 없느냐?"라고 반문한다면, "그 사람에 대해서 너무 잘 알기 때문입니다. 누가 그런 사기꾼의 말을 믿어 줍니까?"라고 대답하겠지요. 이로 보건대 믿는 것은 기분이나 감정에 달린 것이 아니라 말해 준 사람의 됨됨이를 보아 믿을 수 있는가, 없는가 결정이 되는 것입니다.

그런데 조금 후 바로 이웃에서 장사하는 어떤 분이 찾아와 "역장이 화물열차에 치여 즉사했습니다"라는 소식을 다시 전했습니다. 그 사람은 그래도 좀 믿을 수 있는 사람이어서 아마 당신은 그것이 정말 발생한 사건이라고 믿을지 모르겠습니다.

그러나 한편 다음과 같은 생각이 났다고 합시다.

'그 사람의 말도 그대로 믿기는 힘들어. 그도 장사할 때 보니까 물건값을 엄청나게 비싸게 팔더군. 늘 밑진다고 하지만 실은 늘 이익을 많이 본단 말

이야.'

 그렇다면 당신이 반쯤 믿게 된 것은 당신의 감정이나 마음속의 생각에 따라 된 것이 아닙니다.

 앞의 경우와 마찬가지로 소식을 전한 사람을 완전히 믿지 못하기 때문에 그가 전한 소식도 반신반의하는 것입니다.

 믿을 수도 안 믿을 수도 없는, 착잡한 심정에 사로잡혀 있을 때 막역한 친구가 찾아와서 동일한 사실을 전해 주었습니다.

 그때야 비로소 당신은 "자네 말이라면 여부가 있겠나? 딱하게도 역장이 교통사고를 당했군"하고 말했다 칩시다.

 『어떻게 그 친구의 말을 고스란히 믿을 수 있으신지요?』하고 묻는다면 "그야 그 친구와는 흉금을 털어놓고 지내는 처지인데, 피차 이제껏 거짓말을 한다거나 속인 일이 없거든요"라고 대답하겠지요.

 결국 당신은 사건 현장을 보고 믿는 것이 아니고 또 자신의 맘속에 그럴듯하게 생각되어서 믿는 것이 아니라 믿을 수 있는 사람의 말이기 때문에 의심치 않게 된 것입니다.

그렇다면 하나님께서 당신에게 주 예수님에 관한 기쁜 소식을 전해 주셨는데 어찌 못 믿을 것으로 생각합니까?

"만일 우리가 사람의 증거를 받을진대
하나님의 증거는 더욱 크도다.
하나님의 증거는 이것이니…
하나님을 믿지 아니하는 자는
하나님을 거짓말하는 자로 만드는 것이니
이는 하나님께서 그 아들에 관하여 증거하신
증거를 믿지 아니하였음이라"(요한일서 5:9~10)

위 말씀을 보십시오.

분명히 증거하시지 않습니까?

반면에 아브라함은 사람의 증거보다 믿을 만한 하나님의 증거를 받았을 때, 하나님의 증거를 믿음으로 이것이 저에게 의로 여기신 바 되었습니다.

"성경이 무엇을 말하느냐 아브라함이 하나님을 믿으매 그것이 그에게 의로 여겨진 바 되었느니라"(로마서 4:3)

언젠가 구원의 확신을 갈망하는 한 부인이 전도인을 찾아와 상담을 하게 되었습니다.

부인은 "선생님 도무지 믿어지질 않으니 어쩌면 좋죠?"라고 호소했습니다. 그때 상담을 하던 전도인은 조용하고 슬기롭게 반문했습니다.

"아주머니께서 믿을 수 없다는 그분이 누구시죠?"

그때야 비로소 이 부인은 자신에게 하늘나라에 갈 수 있다는 확신을 주기 위해 죽으셨을 뿐 아니라 다시 살아나신 **주 예수님과 십자가의 공로를 바라보고 믿는 대신,** 자꾸만 자기 자신이 무언가 느낄

수 있어야 한다고 생각하며 자기 속에서 증거를 찾고자 했던 사실을 깨닫게 되었습니다.

태양을 등지면 그림자가 앞을 어둡게 하지만 태양을 바라보면 그림자가 등 뒤에서 보이지 않는 것처럼, 주 예수 그리스도의 십자가를 믿음의 눈으로 바라볼 때 비로소 확신을 얻게 되며, 심령에 불안이 사라지고 평안을 얻게 되는 것입니다.

누구나 하늘나라에 계신 영광의 주 예수 그리스도와 자기 자신을 동시에 볼 수는 없습니다.

오직 구원의 확신은 하나님의 아들을 바라볼 때 얻게 됩니다. **예수님께서는 완성해 주신 구속 사업을 통해 이미 나를 영원토록 안전하게 해주셨습니다.**

아울러 하나님의 말씀은 「주 예수님을 믿는 사람은 영원토록 안전하다」는 사실을 확신할 수 있게 해주신 것입니다. **다시 말해서 구원을 얻을 수 있는 방법은 이미 그리스도께서 하신 일을 통해 완성되었으며, 그리스도께서 완성해 주신 구원에 관한 지식은 하나님의 말씀을 통해 알게 됩니다.**

구원을 통한 기쁨

"제가 구원받았다는 사실은 추호도 의심이 없어요. 그렇지만 구원받기 전이나 다름없이 낙심하고 답답할 때가 자주 있거든요. 위안이나 기쁨을 송두리째 잃게 될 때도 있어요. 왜 그런지 모르겠군요."

성경은 예수 그리스도의 공로로 말미암아 구원을 받으며, 하나님의 말씀으로 이 사실을 확신할 수 있다고 가르쳐주고 있습니다.

또한 위안과 기쁨은 주 예수님을 믿는 성도의 심령에 내주하시는 성령님으로 말미암아 누릴 수 있게 된다고 가르치고 있습니다.

주 예수님을 믿어 구원을 얻은 성도에게도 '육신'이라 불리는 옛 성품이 여전히 남아있는데, 옛 성품은 '우리가 태어날 때부터 지니고 있는 악한 성품'을 가리킵니다. 육신이라 불리는 옛 성품은 어머니의 품에서 젖을 빨고 있는 어린아이에게서도 볼 수 있습니다.

성도의 심령에 거하는 성령님은 육체의 소욕에 대항하시기 때문에 언행이나 마음에서 일어나는 육신적인 것은 성령님을 근심케 합니다.

주님께서 합당하게 여기시는 대로 행할 때 성령님께서는 성도의 심령에서 갈라디아서 5장 22절 이하에 말씀하신 대로 '성령의 열매, 즉 사랑, 희락, 화평, 인내, 자비, 양심, 충성, 온유, 절제'를 풍성히 맺게 해주십니다.

반대로 믿는 사람이 세상의 방법대로 살며 자기의 생각대로 행동한다면, 이는 우리 마음속에 계시는 성령님을 근심하게 하고 또 소멸하게 하는 일이며, 그 생활은 결코 밝거나 힘 있지 못하고 오히려 실패하는 생활을 면하지 못할 것입니다.

그리스도께서 이루어 놓으신 구속 사업과 당신의 구원이 떼려야 뗄 수 없는 관계인 것처럼 당신의 행위와 기쁨 역시 불가분의 관계가 있음을 명심하십시오.

도저히 있을 수 없는 가상이지만…

만일 그리스도의 공로가 무효가 된다면 당신의 구원도 무효화될 것입니다. 같은 논리로 당신의 행위가 그릇될 때 당신의 기쁨은 사라질 것입니다.

물론 첫 번째 논리는 어디까지나 가상에 불과하지만 두 번째 논리는 얼마든지 그럴 수 있습니다.

초대교회 성도들이 이 같은 체험을 했던 것이 사도행전에 기록돼 있습니다.

"주를 경외함과 성령의 위로로 진행하여 수가 더 많아지고…"라는 사도행전 9장 31절의 기록과 **"제자들은 기**

쁨과 성령이 충만했다"라는 사도행전 13장 52절의 기록으로 미루어 알 수 있습니다.

당신이 구원받은 후에 심령에 참으로 기쁨을 누리고 있는가, 그렇지 못한가는 하나님의 말씀에 대한 당신의 순종 여하에 달려있습니다.

이제 자신의 문제점을 발견하셨기 바랍니다.
당신은 「구원의 확신 그리고 기쁨」은 전혀 별개의 사실인데도 마치 하나인 것처럼 혼동했을 것입니다. 제멋대로 하여 절제하지 못하고 세속적으로 살게 될 때 성령님을 근심시켜 드리게 되고 자신도 기쁨을 잃게 되는데, 이를 구원의 확신과 관련해 생각했기 때문에 확신마저 흔들렸던 것입니다.

다시 말하지만 구원은 당신을 위해 이미 이루어 주신 그리스도의 공로에 달려있습니다.

구원의 확신은 성경을 통해 당신에게 약속해 주신 하나님의 말씀에 달려있는 것이기에 절대 변하지 않습니다.

구원의 기쁨은 언행 심사간 주님께서 합당히 여기시는 대로 행함으로, 즉 아름다운 신앙생활을 통해 성령님을 근심시켜 드리지 않는데 달려있기에 이것은 당신의 책임입니다.

거듭난 하나님의 자녀가 성령님을 근심시켜 드릴 일을 저질렀을 때는 하나님 아버지와의 아름다운 교제가 중단됩니다. 그렇다고 해서 예수 그리스도의 보혈로 맺어진 부자간의 관계가 무효화되는 것은 아닙니다. 이미 말씀드린 대로 부자간에 틈이 생기게 되는 것입니다. 즉 **하나님 자녀로서의 신분에는 아무런 변화가 없으나 영적인 교제는 이루어지기 어렵습니다.**

이러한 경우에 교제의 기쁨을 회복하고 불화를 해소하는 유일한 길은 자기 자신을 살펴보고 죄를 자백하는 것뿐입니다.

"만일 우리가 우리 죄를 자백하면
그는 미쁘시고 의로우사 우리 죄를 사하시며
우리를 모든 불의에서 깨끗하게 하실 것이요"(요한일서 1:9)

자녀가 무슨 잘못을 저질렀다고 가정해 봅시다. 그럴 때 당신은 자녀의 언행과 표정에서 이 사실을 바로 알아차릴 수 있습니다. 조금 전까지만 해도 어리광을 부리던 아이의 얼굴에 불안한 빛이 서려 있고 행동이 어색하며 자꾸만 부모의 얼굴을 피하려 들 것입니다.

이제 이 아이가 해야 할 일은 부모님께 솔직하게 잘못을 고백하고 용서를 받는 길밖에 없습니다.

자존심 때문에 쉽사리 자백하지 않은 채 울며 버틴다고 자녀와의 교제가 회복되지는 않습니다.

오직 부모님께 자백하면 용서해 주신다는 확신으로 겸손하게 자백해야 할 것입니다.

잘못을 저지른 순간부터 자백하고 용서를 받기까지, 이 아이에게서는 기쁨을 찾아볼 수 없습니다. 일순간에 모든 기쁨이 사라지고 만 것입니다.

이는 잘못을 저질러서 더 이상 교제할 수 없게 되었기 때문입니다. 그렇다고 해서 자녀와의 관계마저 끊어진 것은 아닙니다. 다만 자녀와의 귀한 교제가 어린아이의 행실로 인해 중단된 것뿐입니다.

 이 아이가 뉘우치는 마음으로 겸손하게 자초지종을 부모님께 자백할 때, 용서해 주고 달래주며 위로해주지 않을 부모가 어디 있겠습니까?
 이때야 비로소 이 아이는 다시금 부모와 스스럼없는 교제를 할 수 있게 될 것입니다.

 다윗이 그의 충신이었던 우리아의 아내와 큰 죄를 범했을 때, "주의 구원을 내게 회복시켜 주시옵소서"라고 기도하지 않고, **"주의 구원의 즐거움을 내게 회복시켜 주시옵소서"**(시편 51:12)라고 간구했던 사실은 이 진리를 잘 나타내고 있습니다.

 앞서 말씀드렸던 이야기를 계속하겠습니다.
 당신의 아들이 시무룩해서 앉아 있는데, 갑자기 "불이야"라는 소리가 났다고 합시다.
 그때 당신은 어떻게 하겠습니까?
 아들이 불에 타죽도록 내버려 두겠습니까?

그럴 리가 없습니다. 아마 당신은 그 아이를 제일 먼저 데리고 뛰쳐나갈 것입니다.

혈연관계를 통한 사랑과 교제가 주는 기쁨은 이처럼 전혀 다르다는 사실을 깨닫게 되었을 것입니다. 그러므로 성도가 범죄하게 되면 하나님과의 원만한 영적 교제가 중단되고 성도가 자백하기까지, 즉 자신을 반성하고 통회할 때까지는 결코(구원이 취소된 것이 아니라) 구원의 즐거움을 누릴 수 없게 되는 것입니다.

분명한 통회와 자백이 있었다면 죄 용서함을 받게 됨을 다시 깨달을 수 있습니다.

하나님께서 확실히 약속(말씀) 하셨기 때문입니다.
"만일 우리가 우리 죄를 자백하면

저는 미쁘시고 의로우사 우리 죄를 사하시고

모든 불의에서 우리를 깨끗게 하실 것이라"(요한일서 1:9)

하나님과 맺어진 생명의 관계보다 더 강한 것도 없으며 더 아름다운 것도 없습니다. 세상의 모든 힘과 지옥의 세력이 힘을 합쳐도 하나님의 사랑에서 우리를 끊을 수 있는 것은 아무것도 없습니다.

"내가 확신하노니 사망이나 생명이나 천사들이나

권세자들이나 현재 일이나 장래 일이나 능력이나

높음이나 깊음이나 다른 어떤 피조물이라도

우리를 우리 주 그리스도 예수 안에 있는

하나님의 사랑에서 끊을 수 없으리라"(로마서 8:38~39)

그렇지만 불순종의 생활은 쉽게 하나님과의 교제를 끊어놓으며, 당신의 기쁨을 앗아간다는 사실을 기억하십시오. 만일 당신이 예수 그리스도를 구주로 믿고 거듭난 것이 확실하면서도 잠시라도 심령이 답답하고, 기쁨이 없고 고민하고 있다면, 주님 앞에 마음을 낮추고 자신을 반성해 보십시오.

당신에게서 기쁨을 앗아간 도둑을 발견했을 때는 즉시 하나님께 드러내십시오. 다시 말해서 "왜 내가 기쁨을 잃게 되었는가?"를 깨달았을 때 하나님께 당신의 잘못을 자백하기 바랍니다. 그리고 도둑이 들어와서 노략질하도록 방치된, 부주의하고 나태했던 자신을 깊이 뉘우치기 바랍니다.

결코 구원의 확신과 구원의 즐거움을 혼동하지 마십시오. 성도라고 해서 하나님의 심판이 불신자들보다 관대한 것은 결코 아닙니다. 그러나 신자들의 죄는 그리스도께서 갈보리 십자가에서 고난을 당하셨을 때 이미 그 죗값을 담당해 주셨습니다. 이로 인하여 신자들의 죄의 문제는 단번에, 그리고 영원토록 해결해 주신 것입니다. 그렇기 때문에 우리에게 주신 영생은 영원히 멸망할 수 없습니다.

"오직 그리스도는 죄를 위하여 한 영원한 제사를 드리시고 하나님 우편에 앉으사"(히브리서 10:12)

"친히 나무에 달려 그 몸으로 우리 죄를 담당하셨으니"(베드로전서 2:24)

주 예수님을 끝내 믿지 아니한 사람은 죄의 대가로 영원토록 불 못에서 고통을 당하지 않으면 안 됩니다. 그러나 구원 얻은 사람은 죄의 대가로 다시금 지옥 형벌을 당하게 되지는 않습니다. 그러나 범죄함으로 성령님을 근심케 할 때, 교제는 끊어지거나 원만하지 못하게 됩니다. 그래서 기쁨을 잃습니다.

아름다운 달밤에 한 친구가 연못에 비친 달을 하염없이 보고 있었습니다. 고요한 연못에는 눈부실 듯 빛나는 은빛 보름달이 찬란하게 비쳤습니다.
그런데 다른 친구가 느닷없이 돌멩이를 연못에 던졌습니다. 쟁반 같은 보름달은 순식간에 일그러져 버렸습니다.
"달이 깨져 산산조각 나버렸군!"하고 중얼거리는 친구에게 한 친구가 응수했습니다.
"달이 깨어지다니? 무슨 소릴 하고 있나. 눈을 들어 하늘을 보게나. 달은 조금도 변한 것이 아닐세. 변했다면 연못 속에 비추었던 달의 모습에 불과하지. 안 그런가?"

이 이야기를 생각해 보십시오.
당신의 마음은 이 연못과 같습니다.
아무런 장애물이 없으면 성령님을 통해 하나님께서 위로와 기쁨과 평안을 당신의 심령에 비춰주십니다. 그러나 성령님을 근심케 할 때는 평안과 기쁨은 사라지고 내 마음은 돌멩이가 날아든 연못처럼 어지럽게 흔들리게 됩니다.

이때 당신은 하나님을 근심케 한 잘못들을 자백하고 다시 원래 상태로 돌이켜야 합니다. 그래야 평화롭고 즐거운 교제가 회복될 것입니다.

이처럼 평안과 불안이 교차된다고 해서 예수 그리스도의 공로도 연못에 비친 달과 같이 수시로 변하겠습니까?
어림도 없는 말이지요.
하나님의 말씀은 절대로 변하지 않습니다.
그리스도의 공로가 변하지 않는 한, 당신의 구원

도 결코 변할 수 없습니다. 다만 당신의 심령과 심령에서 역사하시는 성령님의 활동이 변했을 뿐입니다.

당신의 심령이 예수 그리스도의 영광과 주님께서 합당히 여기실 것으로 채워지지 않고 죄의 소욕으로 채워져 있다면 성령님께서는 근심하고 계십니다.

성령님께서 정죄하고 대적하는 죄악에 대해 당신도 정죄하고 대적하지 않는 한, 당신은 위로와 기쁨을 체험할 수 없게 됩니다.

"하나님의 성령을 근심하게 하지 말라
그 안에서 너희가 구속의 날까지 인치심을 받았느니라"
(에베소서 4:30)

위 말씀하신 대로 주님께서는 우리에게 성령님께 순종하라고 권면합니다.

사랑하는 독자여!

1. 당신의 믿음이 아무리 연약할지라도 구원의 확신을 주신 주님은 결코 변치 아니하신다는 사실을 확신하고 안심하기 바랍니다.
   "예수 그리스도는 어제나 오늘이나 영원토록 동일하시니라"
   (히브리서 13:8)

2. 주님께서 이루어 놓으신 공로는 결코 변하지 않습니다.
   "무릇 하나님의 행하시는 것은 영원히 있을 것이라
   더 할 수 없나이다"(전도서 3:14)

3. 하나님께서 하신 말씀은 결코 변하지 않습니다.
   "풀은 마르고 꽃은 떨어지되
   오직 주의 말씀은 세세토록 있도다"(베드로전서 1:24~25)

당신의 구원과 확신의 터가 되시는 주 예수님께서 결코 변치 아니하시기에 당신의 구원은 어떤 경우에도 안전합니다.
이제 끝으로 다시 한번 묻겠습니다.
당신은 어느 대열에 서서 여행을 하고 있습니까?
이제 진정 하나님께로 돌이키심으로
이 영원한 문제에 대한 해답을 얻으시기 바랍니다.
   "그의 증거를 받는 이는 하나님을 참되시다 하여
   인쳤느니라"(요한복음 3:33)

예수 그리스도는 누구인가?

작가미상

많은 사람들이 예수 그리스도에 대해 혼돈된 생각을 가지고 있으므로 여기서는 하나님 말씀에서 찾아볼 수 있는 **예수님에 관한 몇 가지 분명한 사실**을 말씀드리겠습니다.

1. 예수 그리스도는 누구인가?

(1) 예수 그리스도는 만물을 창조하신 분입니다.

요한복음 1장 3절은 "만물이 그로 말미암아 지은 바 되었으니 지은 것이 하나도 그가 없이는 된 것이 없느니라"

라고 명료하게 기록하고 있습니다.

역시 같은 장 10절은 **"세상은 이로 말미암아 지은 바 되었다"**라고 말씀합니다. 또한 골로새서 1장 16절과 히브리서 1장 2절을 읽어보십시오. 분명히 우리 주님은 창조의 대사업을 친히 행한 분입니다.

(2) 예수 그리스도는 우주를 주관하는 분입니다.

예수 그리스도는 수없이 반짝이는 별들을 만들고 공간에는 천체를 두었을 뿐 아니라 지금까지 그들이 정로대로 착오 없이 움직이도록 주관하고 계십니다.

"만물이 그 안에 함께 섰느니라"(골로새서 1:17)

그리스도는 **"그의 능력의 말씀으로 만물을 붙드시는 분"**(히브리서 1:3)입니다.

(3) 예수 그리스도는 참 인간입니다.

인간은 혼과 영과 육이 몸으로 구성되어 있는 삼위일체적(삼중적) 존재입니다.

"평강의 하나님이 친히 너희를 온전히 거룩하게 하시고

또 너희의 온 영과 혼과 몸이

우리 주 예수 그리스도께서 강림하실 때에

흠 없게 보전되기를 원하노라"(데살로니가전서 5:23)

예수 그리스도는 몸을 가지고 계셨습니다.

그런데 그 몸은 십자가에서 돌아가셔서 장사되었다가 무덤에서 다시 사셨습니다.

그리스도는 혼도 가지고 계셨습니다.

그래서 "내 혼이 심히 고민하여"(마가복음 14:34)라고 말씀하셨습니다.

또한 그리스도는 영도 가지고 계셨습니다.

그분은 말씀하시기를 "영이 민망"(요한복음 13:21)하다고 하셨고, 또 "아버지여 내 영을 아버지의 손에 부탁하나이다"(누가복음 23:46)라고 하셨습니다.

그리스도는 모든 일에 우리와 한결같이 시험을 받은 분이지만 죄는 없으신 참 인간이셨습니다.

"우리에게 있는 대제사장은 우리의 연약함을

동정하지 못하실 이가 아니요

모든 일에 우리와 똑같이 시험을 받으신 이로되

죄는 없으시니라"(히브리서 4:15)

(4) 예수 그리스도는 참 하나님입니다.

요한복음은 예수 그리스도의 신성(神性)을 강조하고 있는 4복음서 중 하나입니다. 그 첫 절에 그리스도의 신성에 관한 말씀이 기록되어 있을 뿐만 아니라 그 복음서 전체가 이를 절대적인 진리로 입증하고 있습니다. 이 사실이 처음에는 그의 행하심으로 증거되어 있습니다.

① 예수님은 자신이 하나님임을 자처하셨습니다.

이에 대해서 주 예수님께서 다음과 같이 말씀하셨습니다.

"나와 아버지는 하나이니라"(요한복음 10:30)

"아버지께서는 내 안에 계시고 내가 아버지 안에 있느니라"(요한복음 10:38)

"나를 보는 자는 나를 보내신 이를 보는 것이니라"(요 12:45)

"나를 본 자는 아버지를 보았거늘"(요한복음 14:9, 5:17~18, 15:23, 6:62, 9:35~37, 10:31)

그리스도는 구약성서에서 사용된 여호와(나는 스스로 있는 자)의 명칭을 사용하셨습니다.

> "예수께서 이르시되 진실로 진실로 너희에게 이르노니
> 아브라함이 나기 전부터 내가 있느니라 하시니
> 그들이 돌을 들어 치려 하거늘
> 예수께서 숨어 성전에서 나가시니라"(요한복음 8:58~59)

유대인들은 이 한 가지 사실로 주님께서 하나님이시라는 것을 알게 되었고, 그리스도를 참람하다고 하여 즉각적으로 죽이려고 하였습니다.

② 예수님의 행하심은 하나님의 행하심이었습니다.

예수 그리스도께서 행한 일들은 인간이 성취할 수 있는 능력의 한계를 넘어선 것이었습니다. 예수 그리스도는 말씀 한마디로 문둥병자를 고치셨고, 즉각적으로 눈먼 자의 눈을 뜨게 하셨습니다.

또한 마비된 중풍병 환자를 명하여 일으켰고, 보리떡 다섯 덩이와 물고기 두 마리로 많은 무리를 먹이셨습니다.

행하신 일 가운데 무엇보다도 경탄할 것은 사망의 문을 열고 죽은 나사로의 생명을 살리신 것과 죽은 외아들 때문에 슬픔에 싸여있는 과부 어머니에게 외아들을 살려 주신 것입니다.

예수 그리스도께서 「하나님이며 동시에 인간인 진리」를 이해한다는 것은 어려운 일이지만 이를 돕기 위해 하나님은 그의 말씀인 성경에서 하나님의 아들에 관한, 즉 그의 신성과 인성을 밝히 알 수 있는 흥미 있는 광경을 제시해 주셨습니다.

그 실례로 죽은 오라비의 무덤에서 슬퍼하는 누이들과 함께하신 주님을 보십시오. 주님은 애통해하는 여인들과 함께 우셨습니다.

주님은 그들의 비통한 슬픔을 이해하셨습니다. 주님께서 흘리신 눈물은 참 인간의 눈물인 슬픔과 동정의 눈물이었습니다. 우리는 그리스도께서 나사로의 무덤에서 애도하는 조객의 한 사람이 된 것을 보았습니다.

그러나 보십시오.

큰 소리로 죽은 자에게 "나사로야, 나오라"라고 외치시매 나사로가 무덤에서 살아 나왔습니다.

함께 우시던 그분이 '사망의 주인'임을 증거하셨습니다. 우리는 다시 살아난 나사로 앞에서 그에게 새 생명을 주신 '하나님'을 본 것입니다. 우리는 이 기적을 통해 하나님이시며 동시에 인간이신 신인동체(神人同體)인(하나님이시자 동시에 인간이신) 분을 본 것입니다.

또 하나의 주님의 이중적 초상화가 있습니다.

주님께서 갈릴리 바다를 횡단하는 작은 배에서 주무시고 계셨습니다. 그때 마침 산으로부터 갑작스런 폭풍이 불어와 바다에는 심한 파도가 일어 뱃전을 휘몰아치기 시작했습니다. 제자들은 사경에 처했습니다. 맹렬한 물결과 함께 죽어야 하는 순간이었습니다.

그때 제자들은 주무시고 계신 주 예수님이 함께

계시다는 것을 깨달았습니다.

제자들이 주님을 깨워 긴급 상황을 말하자 주 예수님은 바람과 파도를 향해 명령하셨습니다.

"잠잠하라! 고요하라!"

격노한 폭풍의 파도는 바로 잠잠해졌고, 바람도 언덕 너머로 사라지고 삼라만상이 조용해졌습니다.

우리는 피로에 지쳐 주무시는 예수님에게서 한 '인간'의 모습을 보지만, 동시에 한마디의 말씀으로 격노한 폭풍과 파도를 잠잠케 하신 예수님에게서 '하나님'을 봅니다.

이로 보건대 예수 그리스도는 '육신으로 나타난 하나님'이십니다. 그리스도는 신인일체며 절대적 신성과 완전한 인성을 겸한 분입니다.

2. 예수 그리스도는 무엇을 하셨는가?

(1) 죄인을 구원하러 세상에 오셨습니다.

그것은 주님의 대 사명이었습니다. 전능자께서 타락한 인간을 깊이 염려한 나머지 그를 구원하기 위해 친히 인간의 형상으로 오셨습니다.

무엇보다도 주님께서 죄인들만 구원하러 오셨다는 점을 주목하시기 바랍니다.

선한 사람들에게는 구원주도 구원도 필요 없습니다. 단지 주님은 죄인들의 구주가 되실 뿐입니다.(당신이 하나님 앞에서 〈인간 앞이 아니라〉 죄인임을 인정한다면 이 은혜를 받을 수 있습니다)

(2) 죄인을 구원하시려고
   십자가에서 돌아가셨습니다.

성경은 말씀하기를 "우리가 아직 죄인되었을 때에 그리스도께서 경건치 않은 자를 위하여 죽으셨도다"(로마서 5:6~9)라고 했습니다.

우리는 모두 하나님의 율법을 범한 사람들이므

로 사망의 심판 아래 있습니다. 그러나 예수 그리스도께서 죽으심으로 우리에 대한 율법의 요구를 완전히 이루셨습니다. 우리의 형벌을 요구하는 율법은 우리를 십자가 이상으로 형벌할 수는 없는 것이고, 율법은 십자가의 형벌이 마지막입니다. 그 이상은 할 수 없습니다.

그러므로 예수 그리스도께서 죽으심으로 우리의 구속을 이루신 것입니다. 예수 그리스도께서 그의 보혈로 구속의 값을 치러주셨기에 죄와 사단의 노예인 죄인들이 구속을 받아 해방된 것입니다.

"구속된 것은 그리스도의 보배로운 피로 한 것이니라"

(베드로전서 1:18~19)

주님의 죽으심은 예수님을 구원주로 믿는 사람에게 죄를 도말(완전히 용서)하시며 그를 하나님의 자녀로 삼아주십니다.

"영접하는 자 곧 그 이름을 믿는 자들에게는 하나님의 자녀가 되는 권세를 주셨으니"(요한복음 1:12)

(3) 죄인을 구원하시려고
사망에서 부활하셨습니다.

주님께서 죄인을 구원하기 위해 죽으셨다는 것은 복음의 절반입니다. 구원을 얻은 사람들을 지키기 위해 사망에서 부활하셨다는 것이 복음의 나머지 반(전부)입니다.

이 두 사실은 근본적인 것입니다.

죽어있는 구주라면 불완전한 구주일 것입니다. 그러나 우리를 위하여 죽으셨을 뿐 아니라 우리를 위해 현재 살아계신 구주는 완전한 구원주입니다.

우리의 영혼이 바라는 분은 우리를 죄의 형벌에서 구원하실 수 있는 분일 뿐만 아니라 우리를 매일 죄의 권세로부터 구원하실 수 있는 분이라야 하는 것입니다. 십자가에 희생된 구주가 우리의 과거와 관계가 있다면 하늘에 계신 부활하신 그리스도는 우리의 현재와 관계가 있습니다.

그리스도는 죽은 자 가운데서 부활하셨기에 하나님의 아들로 인정되셨습니다.

"성결의 영으로는 죽은 자들 가운데서 부활하사
능력으로 하나님의 아들로 선포되셨으니
곧 우리 주 예수 그리스도시니라"(로마서 1:4)

주님은 "능히 당신을 보호하사 거침이 없게 하시며"(유다서 1:24) 또한 "항상 살아계셔서 온전히 구원하실 수 있는 분이십니다"(히브리서 7:25).

우리가 주님의 죽으심으로 구원을 받았으므로 그의 살으심으로 또한 안전히 보호를 받는 것입니다.
"우리가 아직 죄인 되었을 때에/그리스도께서 우리를 위하여 죽으심으로/하나님께서 우리에 대한 자기의 사랑을 확증하셨느니라/그러면 이제 우리가 그의 피로 말미암아/의롭다 하심을 받았으니/더욱 그로 말미암아/진노하심에서 구원을 받을 것이니/곧 우리가 원수 되었을 때에/그의 아들의 죽으심으로 말미암아/하나님과 화목하게 되었은즉 화목하게 된 자로서는/더욱 그의 살아나심으로 말미암아/구원을 받을 것이니라"(로마서 5:8~10)

예수 그리스도께서 구원을 위해 돌아가셨고 이를 지키기 위해 살아나신 이 사실은 구원의 영속성에 대한 신자들의 의심을 제거해 주는 것입니다. 예수 그리스도를 믿는 사람들은 결코 멸망하지 않습니다.

3. 그리스도는 무엇을 하고 계신가?

예수 그리스도는 십자가에서 자신을 희생의 제물로 바치심으로 우리를 위해 큰일을 행하셨습니다. 지금 살아계셔서 우리를 위해 큰일을 행하고 계십니다. 주님께서는 잃어버린 자를 구원하고 수고하고 무거운 짐 진 자들을 부르고 계십니다.

"수고하고 무거운 짐 진 자들아 다 내게로 오라

내가 너희를 쉬게 하리라"(마태복음 11:28)

또한 하나님 아버지의 존전에서 우리의 유익을 위해 일하고 계십니다.

다음 두 가지 중대한 사실을 주목하십시오.

(1) 그리스도 십자가의 완성된 사역은 우리의 구원을 확보합니다.

예수님이 십자가에 못 박혀 돌아가실 때 마지막으로 하신 **"다 이루었다"**라는 말씀은 영어로 "It is finished"입니다. 이는 '완성했다', '성취했다', '다 갚았다'는 뜻입니다.

죗값을 치르는 일, 그럼으로써 죄인을 구원하는 일을 예수님께서 다 하셨다는 말씀입니다.

예수님은 **"죄를 정결케 하는 일을 하시고"** 부활 승천하시어 높은 곳에 계신 위엄(the Majesty)의 우편에 앉으셨습니다. 예수님이 피 흘려 죽으신 것은 우리의 죗값을 우리 대신 담당해 용서받게 함이요, 부활하여 승천하신 것은 우리의 죄가 다 용서해졌다는 사실을 우리로 믿게 하기 위한 증거입니다.

이쪽에서 세금 내면 저쪽에서 세금 냈다는 증거로 영수증을 주듯이 부활은 우리 죄가 확실히 용서해졌다는 보증입니다.

제자들이 모여 있는 가운데 부활하신 예수님이

그들 가운데 나타나셨습니다. 예수님께서는 손과 발을 보이시면서 **"너희에게 평강이 있을지어다"**(누가복음 24:36)라고 말씀하셨습니다.

평강(平康), 즉 「하나님 앞에 너희의 죄가 다 용서함을 받았으니 이제 마음을 푹 놓으라」는 것입니다.

많은 빚을 지고 갚을 길이 없는 사람을 대신해서 어떤 사람이 빚을 갚아 주었습니다. 그리고 빚진 자에게 영수증을 가져와 보여 주며 "이걸 보시오. 당신 빚은 내가 다 갚았습니다. 돈 다 받았다는 도장도 찍혀 있지요"라고 말하고 그것이 사실임을 확인했을 때 안심이 되고 마음이 놓일 것입니다.

"내 하나님의 말씀에 악인에게는 평강이 없느니라"(이사야 57:21) 하셨으나 이제 그리스도께서 구속의 역사 즉, 죄 용서받게 하는 일을 완성하셨으므로 죄의 형벌에서 해방된 평강을 주셨습니다.

구약은 우리의 죄를 용서해 주시겠다는 하나님의 약속이고, 신약은 죄 용서함의 일을 마무리했다는 증거입니다. 그 약속에다 예수님께서 피로써 도장을 찍으셨고, 그 사실을 받아들이는 사람의 마음에 성령님으로 인(印:도장)을 치시는 것입니다.

우리 죄가 용서함을 입지 못했다면, 예수님은 부활하지 않으셨습니다. **예수님의 부활은 우리 죄 용서함에 대한 증거입니다.** 하나님께서 그 속죄 제사를 받으셨다는 증거입니다.

승천하신 예수님은 우리를 위한 증인으로 하나님 앞에 살아 계십니다.

지금도 하나님 앞에서 "하나님, 이 피를 보십시오. 저 사람을 위해 내가 죽어 피를 흘렸습니다"라고 우리의 죄 용서함을 증거하고 계십니다.

하나님께서는 예수님의 피를 보시고 "됐다!"라고 하십니다.

성경은 무엇입니까?

그 사실을 기록하여 우리에게 떼어 주신 영수증입니다. "예수 예수 믿는 것은 받은 증거 많도다"라는 찬송가 가사가 있습니다.

그렇다면 그 받은 증거란 무엇을 말합니까?

"이 성경이 곧 내게 대하여 증거하는 것이로다"

(요한복음 5:39)

예수님이 하신 일을 증거하는 성경이 곧 하나님께서 우리에게 떼어 주신 영수증입니다.

예수님을 믿게 되면 그 사실을 증거로 받는 것입니다.

"내 주의 보혈(寶血)은 정하고 정하다

내 죄(罪)를 정(淨)케 하신 주

날 오라 하신다"(찬송가)

내 죄를 정케 '하실' 주입니까, '하신' 주입니까?

죄를 정케 '하신' 주님께서 "날 오라"라고 하십니다.

04 예수 그리스도는 누구인가?

오면 죄를 용서해 준다는 말씀입니까? 죄 다 용서해 놓았으니까 오라는 말씀입니까? 죄 다 용서해 놨으니 그 사실 좀 믿어달라는 것입니다.

죄는 근본적으로 믿는다고 사(赦:용서)해지는 것이 아닙니다. 우리가 믿기 전에 하나님께서는 이미 우리의 죗값을 예수님에게서 다 받았으므로, 하나님 앞에 우리의 죄는 모두 다 용서함을 받았다는 것입니다. 그것 좀 믿어 달라는 것입니다.
"날 정케 하신 피 보니 그 사랑 많도다."
"예수는 우리를 깨끗케 하시는 주시니
 그의 피 우리를 눈보다 더 희게 하셨네."
주 예수님이 우리 죄를 대신해 십자가에서 화목제물이 되어 죽으실 때 흘리신 그 피로 우리의 모든 죄를 깨끗하게 하셨습니다.

"하나님께서 깨끗케 하신 것을 네가 속(俗)되다 하지 말라" (사도행전 10:15)는 말씀처럼, 예수님이 피 흘려 죽으심으로 우리 죄를 깨끗하게 하셨는데 우리가 '깨끗하게 되지 않았다'고 할 수 있겠습니까?

사람이 그것을 믿든 믿지 않든 하나님께서 다 이루어 놓으신 사실입니다.

(2) 하늘나라에서 계속되고 있는 그리스도의 사역은 우리의 영속성을 보증합니다.

우리 구원이 영원한 것은 성도들의 인내심에 의한 것이 아니라 영원하신 구주 예수님의 인내에 달려있습니다. 그리스도께서 **"자기를 힘입어 하나님께 나아가는 자들을 온전히 구원하실 수 있으신 것"**은 그가 우리를 위하여 간구하시기 때문입니다.

"누가 정죄하리요 죽으실 뿐 아니라 다시 살아나신 이는 그리스도 예수시니 그는 하나님 우편에 계신 자요 우리를 위하여 간구하시는 자시니라"(로마서 8:34)

이 중보에 관한 예를 베드로의 경우를 통해 볼 수 있습니다.

예수님께서 **"시몬아 보라 사단이 밀 까부르듯 하려고 너희를 청구하였으나 그러나 내가 너를 위하여 네 믿음이 떨어지지 않기를 기도하였느니라"**라고 말씀하셨습니다.

예수님은 베드로의 연약함과 실수할 것을 아셨습니다. 그리고 베드로는 예수님을 부인하는 실수를 하였습니다. 그러나 주 예수님은 그를 회복시켜 주셨습니다.

오순절에 예루살렘에서 있었던 베드로의 위대한 업적과 그 후 몇 해 동안의 충실한 봉사는 베드로의 중보자 되시는 주님의 기도로 말미암아 가능할 수 있었습니다.

중보 기도에 관한 좋은 예들 중 또 하나는 요한복음 17장에 있는 주님의 기도입니다.

한 인간으로 친히 세상에 살으심으로 우리의 고난과 연약함, 필요를 아시는 예수님은 자기 자녀들을 늘 돌보시며, 그들이 끊임없는 은총을 필요로 하는 것을 아시고 간구하시는 분이십니다.

아마 우리는 베드로와 마찬가지로 우리가 알고 있는 그 이상으로 위에 계신 대제사장이신 예수님의 중보 사역의 은총을 입고 있을 것입니다.

주님은 우리의 중보자이실 뿐만 아니라 대변자이십니다. 중보의 일은 우리의 연약함과 시험, 우리의 어려움과 관계가 있는 것이며, 대변의 일은 우리의 지은 죄, 즉 구원받은 후에 지은 죄와 관계있는 것입니다.

"만일 누가 죄를 범하면
아버지 앞에서 우리에게 대언자가 있으니
곧 의로우신 예수 그리스도시라"(요한일서 2:1)

그리스도인은 죄를 짓지 않아야 하지만 죄에 빠지는 수도 있습니다. 이때 꼭 해야 할 일은 죄를 고백하는 것입니다.

"만일 우리가 우리 죄를 자백하면
그는 미쁘시고 의로우사 우리 죄를 사하시며
우리를 모든 불의에서 깨끗하게 하실 것이요"(요한일서 1:9)

이렇게 함으로 죄 용서에 관한 사실뿐만 아니라 십자가에서 돌아가신 주님께서 죄를 범하고 있는 신자를 대신해서 하나님 존전에 서 계신다는 놀라운 사실로 위로를 받을 것입니다.

이러한 사람은 자신의 선함에 대해 일언반구도 할 수 없습니다. 그는 죄인입니다. 죄에 대한 어떤 변명도 할 수 없습니다. 그러나 예수 그리스도께서는 십자가에서 이룬 사역으로 말미암아 죗값을 지불하셨기 때문에 제기되는 모든 송사에 대해 끊임없는 탄원과 완전무결한 변호를 하실 수 있습니다. 그러므로 주 예수님은 '주님의 보배로운 피의 공로'로 하나님 존전에서 우리의 입장을 계속 탄원하시는 것입니다.

또한 주 예수님께서는 건물의 마지막 돌이 놓아질 때를 기다리고 계십니다. 즉 그리스도의 몸 된 교회가 완성될 때 주님께서는 교회를 위해 재림(다시 오심)하실 것입니다. 요약해서 말하면 이것이 곧 주님께서 하실 일입니다.

"예수께서 대답하여 이르시되 사람이 나를 사랑하면
내 말을 지키리니 내 아버지께서 그를 사랑하실 것이요
우리가 그에게 가서 거처를 그와 함께 하리라"(요한복음 14:23)

주님은 교회(예수님을 믿는 우리들)를 영접하기 위해

재림하실 것입니다. 그뿐만 아니라 예수님의 재림은 그리스도께서 강림하실 때에 그에게 붙은 모든 자(그리스도인)들을 위한 것입니다.

"그러나 각각 자기 차례대로 되리니 먼저는 첫 열매인 그리스도요 다음에는 그가 강림하실 때에 그리스도에게 속한 자요"(고린도전서 15:23)

주님은 그리스도 안에서 죽은 자들을 부활시키기 위해 오실 것입니다.

"형제들아 자는 자들에 관하여는 너희가 알지 못함을/우리가 원하지 아니하노니/이는 소망 없는 다른 이와 같이 슬퍼하지 않게 하려 함이라/우리가 예수께서 죽으셨다가 다시 살아나심을 믿을진대/이와 같이 예수 안에서 자는 자들도/하나님이 그와 함께 데리고 오시리라/우리가 주의 말씀으로 너희에게 이것을 말하노니/주께서 강림하실 때까지 우리 살아 남아 있는 자도/자는 자보다 결코 앞서지 못하리라 주께서 호령과 천사장의 소리와 하나님의 나팔 소리로/친히 하늘로부터 강림하시리니/그리스도 안에서 죽은 자들이 먼저 일어나고/그 후에 우리 살아 남은 자들도 그들과 함

께/구름 속으로 끌어 올려 공중에서 주를 영접하게 하시리니/그리하여 우리가 항상 주와 함께 있으리라/그러므로 이러한 말로 서로 위로하라"(데살로니가전서 4:13~18)

주님은 대 왕국을 건설하고 만주의 주, 만왕의 왕으로 그 왕국을 다스릴 것입니다. 전쟁으로 지친 이 세상에 평화가 깃들 것이며, 주 예수 그리스도는 불굴의 공의와 절대적 의로 만국을 통치할 것입니다.

구약의 히브리 선지자들이 이를 예언했습니다. 주님의 왕국에 대한 그들의 예언이 모두 성취될 것입니다.

우리의 고백과 다짐의 찬송을 함께 부릅시다.

"이몸의 소망 무엔가 우리 주 예수 뿐일세
우리 주 예수 밖에는 믿을이 아주 없도다
굳건한 반석이시니 그 위에 내가 서리라
그 위에 내가 서리라"(찬송가)

『믿는다』란 무엇을 의미하는 말인가?

O. 스미스

1. 나는 구원받았는가?
그렇지 않으면 나는 잃어버린 자인가?

어떤 분의 이야기입니다.

『나는 과거에 내가 구원을 받았는지 아직도 구원받지 못한 잃어버린 자인지를 분명히 알지 못했던 때가 있었다. 나는 일을 하면서도 나 자신을 향하여 한 질문만을 되풀이하고 있었다.

'나는 구원받았는가?

그렇지 않으면 나는 잃어버린 자인가?'

나는 식사나, 아름다운 호수나, 굽이쳐 흐르는 강, 황홀하게 핀 꽃들이나, 사철나무에는 관심이 없었다. 새들의 지저귀는 소리도 귀담아듣지 않았다. 나는 그때도 여전히 같은 질문을 하고 있었다.

'주여! 나는 구원받았습니까? 그렇지 않으면 잃어버린 자입니까? 만일 제가 잃어버린 자이면 그것을 깨닫게 하소서. 그래야 나는 구원받을 수 있습니다. 만일 내가 구원을 받았으면 주님의 구원을 기뻐하며 찬양하도록 해 주소서!'

어느 날, 교회에 참석했을 때…
그날 설교 제목이 「구원받는 신앙」이었기 때문에 나의 문제를 해결해 줄 것을 기대하며 나는 창쪽 의자에 앉아서 온 정신을 집중하여 설교를 들었으나 예배가 끝난 후 다른 많은 사람들처럼 내가 구원받았는지 아닌지를 그때도 모른 채 어두운 밤거리로 나섰습니다.

'왜 나는 그 설교를 듣고도
구원의 확신이 없을까?'

목사님은 순수한 복음적인 설교를 하셨습니다.

여러 번 **"주 예수를 믿으라 네가 구원을 얻으리라"**(사도행전 16:31)고 외쳤습니다.

그러면 무엇 때문이었을까…?

그분은 설교 중에 "믿는다"라는 말의 뜻이 무엇인지를 설명하는 일이 한 번도 없었는데, 그것이 나에게는 문제였습니다.

나는 「믿어야 한다」라는 것을 알고 있었지만 「어떻게 믿어야 할지」를 모르고 있었던 것입니다.

지금 생각하면 언제나 예수님을 믿고 있었던 것이 사실이었습니다. 어린아이 때부터 지금까지 계속해서 믿고 있었지만, 내가 「구원받은 신자인지 아닌지」를 모르고 있었던 것입니다.

나는 업무상 여러 나라들을 다녔지만, 거기에서도 「믿기는 하지만 구원받지 못한(구원의 확신이 없는) 사람」들의 수가 실제로 엄청났습니다. 그렇다면 구주 예수님을 믿기는 하지만 그들이 구원받지 못한

진정한 크리스천이 아니라면 「믿는다」라는 말은 무엇을 의미하는 것일까요?

잠깐, 아래 기록된 성경에 여러 번 나오는 '믿는 자'라는 단어를 주의하여 봅시다.

"모세가 광야에서 뱀을 든 것 같이 인자도 들려야 하리니/이는 저를 믿는 자마다 영생을 얻게 하려 하심이니라/하나님이 세상을 이처럼 사랑하사 독생자를 주셨으니 이는 저를 믿는 자마다 멸망치 않고/영생을 얻게 하려 하심이니라/하나님이 그 아들을 세상에 보내신 것은/세상을 심판하려 하심이 아니요/저로 말미암아 세상이 구원을 받게 하려 하심이라/저를 믿는 자는 심판을 받지 아니하는 것이요 믿지 아니하는 자는/하나님의 독생자의 이름을 믿지 아니하므로/벌써 심판을 받은 것이니라"(요한복음 3:14~18, 36절도 참고)

어느 날 나는 개인 전도에 자주 사용하던 「구원의 확신 그리고 기쁨」(Safety, Certainty and Enjoyment 바로 이 책!은 번역본)이란 소책자를 읽게 되었는데, 그 결과 그동안 가졌던 의심이 사라졌습니다.

나는 내 구원에 대한 확신을 얻었고, 그날부터 지금까지 단 한 번도 그 사실을 의심해 본 적이 없습니다.

바로 그날, 나는 새로운 결심을 하였습니다.

나는 '이제 「믿는다」라는 의미가 무엇인가를 많은 사람들에게 알려주겠다'는 것이었으며, 그것을 내 평생에 걸쳐 이행하고 있습니다.』

그렇다면 '믿는다'는 의미는 무엇일까요?

2. 구원으로 가는 세 가지 계단

구원을 얻는 신앙에는 세 가지 계단이 있습니다.

그것은 마치 사다리의 세 계단과 같습니다.

처음 두 계단을 오르는 동안에는 구원을 확신할 수 없습니다. 그러나 셋째 계단에 오를 때 구원의 확신을 얻을 수 있습니다. 물론 처음 두 계단을 통하지 않고는 셋째 계단을 디딜 수 없습니다.

첫째 계단은 단순한 단어인 '들으라'입니다.

성경에 **"그들이 듣지도 못한 이를 어찌 믿으리요"**(로마서 10:14)라는 말씀이 있습니다.

하나님의 구원에 대하여 믿기 전에 그것에 관한 지식이 필요합니다. 그래서 우리는 중국, 아프리카, 인도 등 각 나라에 선교사를 파송해 구원에 대해 알립니다. 믿기 전에 먼저 들어야 하기 때문입니다. 그러나 이 첫째 계단에서 오래 서 있을 필요는 없습니다.

둘째 계단은 "믿으라"입니다.

그러나 이 단어는 우리가 오늘날 쓰는 것과 같은 의미가 아니라 예수 그리스도께서 이 세상에 계실 때에 쓰이던 것과 같은 의미로 해석되어야 합니다. 왜냐하면 "믿는다"라는 낱말의 뜻이 오늘날에는 많이 변질됐기 때문입니다.

오늘날 '믿는다'라는 단어는 진리에 대한 지적인 긍정을 의미할 뿐입니다. 즉, 어떤 진리에 대하여 지적인 동의를 표시한다면 「믿는다」고 생각합니다. 그러나 구약 성경에 나타난 히브리어의 「믿는다」라는 '아만'이라는 단어는 "의지하다, 견고하다, 굳건하다, 신뢰할 만하다"라는 뜻과 일맥상통합니다. 그래서 구약 성경에 "의지하다"(trust)라는 말이 여러 번 나오게 된 원인입니다.

그것이 신약성경에는 "믿다"(believe)로 번역되었습니다. 특히 요한복음에서 "믿는다"라는 말이 자주 나오는데 사람들은 그 단어의 깊은 뜻을 이해하지 못한체 단순히 '지식을 앎'과 다를 바 없다고 착각하고 있는 것 같습니다.

오늘날 '믿는다'라는 단어는 지식이나 지적 분야에 많이 쓰이고 있습니다.

예수님에 관하여 믿어야 할 바를 다 알고 있다하여도 구원받지 못하고 있다면, 즉 구원을 확신하지 못하고 있다면, 그것은 알고 있는 것이지 믿고 있는 것이 아니기 때문일 수 있습니다. 그것은 사탄(마귀)이 착각하게 만드는 잘못된 생각일 수 있습니다.

성경은 명백히 지적하기를 **"귀신들도 믿고 떠느니라"** (야고보서 2:19)라고 하였습니다.

사탄은 예수님의 하나님이심을 추호도 의심하지 않지만, 그것은 믿음이 아니라 순전히 지식(지적)입니다. 그러한 것은 생활의 변화를 가져오지 않으며 멸망이 확실하기 때문에 떠는 것입니다.

두 부분으로 나누어진 한 질문만으로 구원받은 사람과 그렇지 않은 사람을 구분할 수 있습니다.

"당신은 하나님이 당신을 사랑하는 것과 그리스도가 당신을 위하여 죽었다는 사실을 알고 있는가?"

누구든지 이 질문에 긍정적인 대답, "그렇다"라고 할 수 있습니다.

성경을 믿는 사람이라면 누구든지 그 사실을 믿는다고 할 수 있습니다.

또한 「그리스도가 우리(죄)를 위하여 죽으셨다」는 사실도 지식으로 알 수 있습니다.

그러나 그 지식이 그 사람을 믿는 사람이 되게 하는 것은 아닙니다. 그것이 그 사람의 생활을 변화시키지 않습니다. 이러한 종류의 지식은 순전히 지식입니다. 크리스천이 아니라 할지라도 수많은 사람들이 하나님의 사랑과 그리스도의 죽음에 관하여 알고 있습니다.

둘째 계단에서는 아무도 구원을 얻을 수 없는데도 불구하고 수많은 사람들이 이곳에 머무르며 다음 계단으로 올라가지 않습니다.

셋째 계단인 "의지하라"에 이를 때 우리는 진정한 구원(확신)을 얻게 됩니다.
"의지하라"라는 말은 무엇을 의미할까요?

첫째, 그것은 "인간의 노력을 제외한다"라는 뜻이다.
당신이 지금 수영장에서 어느 수영 강사의 설명

을 듣고 있다고 하자. 그는 이렇게 말합니다.

"물은 당신의 무게를 올려 받칠 수 있습니다. 당신이 할 일이란 몸에 힘을 빼고 물을 의지하는 것입니다. 자 이제 물에 뛰어들어서 떠보세요!"

이 말을 듣고 당신은 물에 뛰어들었습니다.

그런데 뜨기는 떴는데 바닥을 등지고 위를 향하여 드러눕게 되었습니다. 수영 강사는 다시 설명할 것입니다.

"왜 근육을 긴장시킵니까? 왜 호흡을 멈춥니까? 물을 의지하지 못하겠습니까? 원~~, 해군 함정도 그 위에 떠 있는데 당신쯤은 문제가 안 됩니다!"

이 말을 듣고 마음을 가다듬은 당신은 다시 물 속에 뛰어듭니다.

이번에는 긴장해서 숨이 막히고 근육이 수축되더니 바닥으로 내려갔습니다. 수영 강사는 같은 말로 물 위에 뜨는 방법을 반복합니다. 이번에는 아무런 노력 없이 그저 물에다 몸을 내맡기면서 뛰어들었습니다. 그랬더니 물 위에 몸이 둥둥 뜬 자신을 발견하게 되었습니다.

그러므로 구원의 바다에…
당신 자신을 내어 맡기십시오!
당신의 노력을 포기하십시오!
몸부림치는 것을 그만두십시오!
자기 힘으로 자신을 도우려고 하지 마십시오!
그저 뜨면 됩니다!

"의지한다"라는 말은 자신의 노력을 제외하는 것입니다. 자신의 노력으로 구원을 이루려고 하는 한, 하나님을 의지하는 확률은 낮아지는 것입니다.

둘째, 의지한다는 말은 "부탁한다"라는 뜻이다.
이것의 가장 적절한 예는 결혼식에서 찾아볼 수 있습니다. 한 젊은 여성에게 교제하는 청년이 있다고 생각해 봅시다. 꽤 오랫동안 그들은 서로 만나고 있었습니다. 이 청년이 그 여성에게 여러 가지 약속을 할 때마다 여성은 그의 모든 말을 믿었습니다. 그러던 중 그의 친구가 와서 물었습니다.
"듣자니 그 사람이 집을 사 주겠다고 했다면서?"

『응! 그래』라고 젊은 여성이 대답한다.
"먹을 것, 입을 것을 다 약속했다지?
그럼 너 지금 그 집에서 사니?"
『물론 아니지. 나는 아직 부모님과 같이 살아.』
이 말을 듣고 친구들은 묻는다.
"그래도 너는 그 사람을 믿는단 말이지?"
『물론이지. 나는 그의 모든 약속을 믿어!』

시간이 흘러 결코 잊을 수 없는 결혼식 날이 찾아왔습니다. 이 청년은 교회에서 목사님 앞에 서서 결혼 서약을 하게 되었습니다. 결혼행진곡에 맞추어 아버지의 팔에 손을 얹은 그의 사랑하는 여성이 천천히 그에게로 걸어오고, 마침내 그녀는 그의 배우자 옆에 서게 됩니다.

목사님이 서너 가지 중요한 질문을 합니다.
"당신은… 하느냐?"에 대하여 그녀는 모두 『네』라고 대답합니다.

그 여성은 자신을 그 청년에게 내어 맡기며, 그만을 의지하며, 그의 믿음직한 팔을 끼고 이제는 그 청년의 책임 아래 결혼행진곡에 맞춰 새 출발을 다짐하며 축하객들 사이를 걸어갑니다.

그렇다면 그 여성이 그 청년에게서 받은 약속을 실제로 받게 된 때는 언제입니까?

둘째 계단인 그의 약속을 듣고 마음속으로 믿었을 때입니까? 그렇지 않으면 그를 완전히 의지한 셋째 계단을 지났을 때입니까?

그녀는 그를 온전히 의지하기 전까지인 결혼식 당일까지는 아무것도 소유하지 못했습니다. 그 말을 믿기는 하였지만 받은 것은 아무것도 없었습니다. 그러나 그와 결혼하게 되었을 때 그는 모든 것을 가지게 되었습니다.

구원도 이와 마찬가지입니다.

생각으로는 믿을 수 있지만, 아무것도 못 가질 수도 있습니다. 그러나 예수 그리스도를 의지하고 그분을 믿는 바로 그 순간, 즉 예수 그리스도께 자신을 바치기로 결심한 그 순간에, 당신은 구원받는 것입니다.

당신은 지금 어느 계단을 지났습니까?
그리스도를 의지하고 당신 자신을 모두 부탁하였습니까?
신부가 강단을 향하여 걸어 나가서 배우자인 신랑에게 자기 자신을 맡기는 것과 같이, 구원받고자 하면 자신을 예수 그리스도께 맡겨야 합니다.

셋째, 의지한다는 것은 "행동한다"라는 뜻이다.
어느 날, 나이아가라 폭포의 물결이 우렁찬 굉음과 함께 낭떠러지로 흘러내리고 있을 때, 두 언덕 사이에 긴 밧줄이 매여져 있었는데 조금 후에 세계적인 줄타기 선수가 걸어갈 예정이었습니다.

이 유명한 줄타기 선수는 그의 손에 든 긴 장대로 조심스럽게 균형 잡은 뒤에, 외줄 위에 발을 옮겨 놓았고, 밑에 모인 군중들이 죽은 듯이 조용해지자 자신만만하게 밧줄을 타고 건너편 언덕에 올라섰습니다. 폭포 소리가 들리지 않으리만큼 군중은 환호성을 질렀고 흥분한 군중을 향하여 선수는 놀라운 제안을 했습니다.

"군중 가운데 한 사람을 내가 업고 줄을 타서 건너가겠소. 지원자는 나오시오."

 그러나 선뜻 그에게 업히겠다는 사람은 없었습니다. 사람들이 흥분한 어조로 서로 말을 주고받으며 웅성거리는데 줄타기 선수가 한 사람을 쳐다보고 물었습니다.

"당신은 내가 당신을 업고 저쪽으로 걸어갈 수 있다고 믿습니까?"

『그거야 물론이죠.』

"그러면 해 보시겠습니까?"

『나보고 업히란 말이요? 원~ 천만의 말씀입니다.

내가 그런 위험한 일에 목숨을 걸 줄 아십니까?』

그 사람은 어이없다는 듯 손을 저으며 가버렸습니다.

줄타기 선수는 다른 사람에게 물었습니다.
"그러면 선생님은 어떻습니까?"
『나는 당신을 믿습니다.』
"그러면 저를 의지할 수 있습니까?"
『물론이지요!』

그러자 줄타기 선수는 그 사람을 등에 업고 줄에 올라 손에 든 장대의 균형을 잡았습니다. 군중은 숨소리를 죽이고 줄을 쳐다보았습니다. 그들 밑에는 밧줄 외에는 아무것도 없었습니다. 한 걸음 한 걸음 천천히 그러나 확실하게 아무 주저함도 없이 줄 위를 걸어가기 시작했습니다.

이 얼마나 놀라운 자신감입니까? 그들 밑에는 사납게 흘러내리는 폭포수와 험한 바위들이 있습니다.

흥분한 군중을 뒤덮는 무거운 침묵이 흘렀습니

다. 구경하는 군중들은 손에 땀을 쥐었습니다. 마지막 한 발자국을 내디뎠을 때 군중들의 환호성이 터졌습니다. 드디어 그들은 목적지인 건너편 땅을 밟았습니다.

현세와 내세, 영원의 공간을 연결하는 밧줄은 구원의 위대한 다리입니다.
지금까지 그것은 끊어진 적이 없습니다. 예수 그리스도만이 그 다리가 되시며, 그 다리를 건너갈 수 있게 하는 유일한 분이십니다. 당신이 이 세상의 마지막 발걸음을 내딛는 순간까지 자신을 예수님께 맡겨야 합니다. **"믿는다"라고 하면서도 "의지하지 않는다"면 그것은 「진정한 믿음」이 아닙니다.**

당신은 예수 그리스도를 의지합니까?
혹은 머리로 생각만 하고, 이 마지막 중요한 계단에 올라서는 데는 실패하지 않았습니까?
당신이 지금 비좁고 깊은 낭떠러지 끝에 서 있다고 합시다. 저쪽으로 건너가려면 좁은 판자 한 장짜

리 다리밖에 없습니다.

그런데 언덕 너머에는 당신을 죽이려는 일당들이 달려오고 있습니다. 이 판자 위를 걸어서 건너편에 가지 않으면 그들에게 붙들릴 수밖에 없습니다.

처음에는 주저할 것입니다.

얇은 판자를 만져 보면서 부러질 수도 있다고 생각할 것입니다. 그러는 동안에 몇 사람은 이미 달려서 저쪽으로 건너가고 있습니다.

마침내 그들이 가까이 왔습니다.

당신은 건너거나 죽거나의 선택의 갈래 길에 서게 되었습니다.

"목숨을 위하여 피하라!"라고 외칠 순간입니다.

그러나 당신이 발걸음을 그 판자 다리에 내디디고, 의지하고, 걸어가는 행동을 취하기 전에는 안전을 보장할 수 없습니다.

"의지한다"는 것은 "위탁하는 행동"입니다.

지적인 생각, 지식을 행동으로 옮기는 것입니다.

하나님의 구원의 위대한 다리는 아직도 하나님

과 우리 사이를 연결하고 있습니다. 수많은 사람이 그 위로 건너갔으며 한 번도 부러진 일이 없습니다. 영원히 부러질 일도 없습니다. 의지하기만 하면 무사히 건널 수 있습니다.

구원의 섭리에서 '의지한다'는 단어가 왜 그다지도 중요한 위치를 차지할까요?

이유는 간단합니다. 그 방법만이 하나님이 인간의 마음에 들어와서 재창조의 역사와 영원한 생명(영생)을 줄 수 있기 때문입니다.

세상 일도 마찬가지인 경우가 많습니다.

모든 사업 거래의 기본 질서는 의지하는 '신의'에 기초를 두고 있습니다.

결혼하는 여인은 자신의 삶을 남편에게 맡기며 의지합니다. 은행에 예금을 하는 것도 그 은행에 대한 신용이 있기 때문에 합니다. 기차나 비행기를 타는 여행자도 그 기차나 비행기가 목적지까지 안전히 데려다줄 것을 믿고 의지하며 탑니다. 의지함이 없이는 아무것도 할 수 없습니다.

"볼찌어다 내가 문밖에 서서 두드리노니

누구든지 내 음성을 듣고 문을 열면

내가 그에게로 들어가 그와 더불어 먹고

그는 나와 더불어 먹으리라"(요한계시록 3:20)

예수님께서 지금! 당신의 마음 문밖에 서서 들어오시기를 바라고 기다리고 계시는데 당신의 마음 문이 굳게 닫혀 있다면, 주님은 문밖에 서서 계속 문을 두드리고 서 계십니다.

당신이 주 예수님을 진심으로 의지하고 당신의 마음의 문을 당신이 직접 여는 그 순간에, 당신의 마음의 문은 활짝 열릴 것이며, 주 예수님은 당신 안에 들어오실 것입니다.

"내가 그에게로 들어가."
이것이 예수님을 믿는 것입니다.

"영접하는 자 곧 그(예수님)의 이름을
믿는 자(마음의 문을 열고 예수님을 맞이하는 자)에게는
하나님의 자녀가 되는 특권이 있다"(요한복음 1:12)

지금까지 지식(지적)만 가지고 살아오지는 않았는지요? 혹은 거짓 토대 위에서 헛된 경험을 하며 오해하고 있지 않았는지요?

지금 셋째 계단을 딛고 예수님을 '의지'하십시오.

주 예수님을 믿으십시오.
그러면
당신과 당신네 집안이
구원을 받을 것입니다.
-사도행전 16장 31절-

어떻게 하나님의 가족으로 성장할 수 있습니까?

하나님의 자녀로 성장하는 것은 주 예수님을 신뢰하는 것에서 시작됩니다. 당신은 다음의 일들을 행함으로써 하나님의 자녀(크리스천)로 더 강하게 성장할 수 있습니다.

1. 매일 하나님께 기도함으로 하나님을 체험하십시오.

"아무 것도 염려하지 말고 오직 모든 일에 기도와 간구로, 너희 구할 것을 감사함으로 하나님께 아뢰라 그리하면 모든 지각에 뛰어난 하나님의 평강이 그리스도 예수 안에서 너희 마음과 생각을 지키시리라"(빌립보서 4:6~7)

2. 매일 하나님의 말씀, 즉 성경을 읽으십시오.

"베뢰아 사람은 데살로니가에 있는 사람보다 더 신사적이어서 간절한 마음으로 말씀을 받고 이것이 그러한가 하여 날마다 성경을 상고하므로"(사도행전 17:11)

3. 매 순간 하나님의 말씀에 순종하십시오.

"나의 계명을 가지고 지키는 자라야 나를 사랑하는 자니 나를 사랑하는 자는 내 아버지께 사랑을 받을 것이요 나도 그를 사랑하여 그에게 나를 나타내리라"(요한복음 14:21)

4. 매일 말과 행동으로 다른 사람에게 예수그리스도에 관하여 말하십시오.

"우리가 그를 전파하여 각 사람을 권하고 모든 지혜로 각 사람을 가르침은 각 사람을 그리스도 안에서 완전한 자로 세우려 함이니"(골로새서 1:28)

5. 교회 예배에 빠지지 말고 출석하십시오.

"모이기를 폐하는 어떤 사람들의 습관과 같이 하지 말고 오직 권하여 그날이 가까움을 볼수록 더욱 그리하자"(히브리서 10:25)

무릎 기도문 시리즈 18

30가지 주제 / 30일간 기도서

주님께 기도하고 / 기다리면 응답합니다

① 자녀를 위한 무릎 기도문

② 가족을 위한 무릎 기도문

③ 태아를 위한 무릎 기도문

④ 아가를 위한 무릎 기도문

⑤ 십대의 무릎 기도문

⑥ 십대 자녀를 위한 무릎 기도문

⑦ 재난재해안전 무릎 기도문 〈자녀용〉

⑧ 재난재해안전 무릎 기도문 〈부모용〉

⑨ 남편을 위한 무릎 기도문

⑩ 아내를 위한 무릎 기도문

⑪ 워킹맘의 무릎 기도문

⑫ 손자/손녀를 위한 무릎 기도문

⑬ 자녀의 대입합격을 위한 부모의 무릎 기도문

⑭ 대입합격을 위한 수험생 무릎 기도문

이해하기 쉽게 그림 도표와 함께 설명한

새신자 양육을 위한 성경의 12주제 연구

폴 프리데릭슨 지음

A1 태신자를 위한 무릎 기도문

A2 새신자 무릎 기도문

A3 교회학교 교사 무릎 기도문

A4 선포(명령) 기도문

망망한 바다 한가운데서 배 한 척이 침몰하게 되었습니다.
모두들 구명보트에 옮겨 탔지만 한 사람이 보이지 않았습니다.
절박한 표정으로 안절부절 못하던 성난 무리 앞에 급히 달려 나온 그 선원이
꼭 쥐고 있던 손바닥을 펴 보이며 말했습니다.
"모두들 나침반을 잊고 나왔기에…."
분명, 나침반이 없었다면 그들은 끝없이 바다 위를 표류할 수 밖에 없을 것입니다.

우리는 삶의 바다를 항해하는 모든 이들을 위하여
그 나침반의 역할을 하고 싶습니다.
우리를 구원하신 위대한 주 예수 그리스도를 널리 전하고 싶습니다.

"하나님은 모든 사람이 구원을 받으며
진리를 아는 데에 이르기를 원하시느니라"
(디모데전서 2장 4절)

구원의 확신 그리고 기쁨

지은이 | 조지 커팅 外
발행인 | 김용호
발행처 | 나침반출판사

수정 제2판 발행 | 2025년 7월 1일

등 록 | 1980년 3월 18일 / 제 2-32호
본 사 | 07547 서울특별시 강서구 양천로 583
　　　　 블루나인 비즈니스센터 B동 1607호
전 화 | 본사(02)2279-6321 / 영업부(031)932-3205
팩 스 | 본사(02)2275-6003 / 영업부(031)932-3207
홈 피 | www.nabook.net
이 멜 | nabook365@daum.net
일러스트 제공 | 게티이미지뱅크
ISBN 978-89-318-1295-4
책번호 나1023

값은 뒤표지에 있습니다.